AF531855

»Auf der Bergstraße gibt es ein kleines Café, wo eine Kugel Eis zehn Pfennig kostet. Dorthin macht sich die ganze Kompanie auf. Für diejenigen, die kein Geld haben, zahlen die Genossen. Das Eis ist herrlich! [...] Allerdings konnte es auch in diesem Café gewittern. Dessen Inhaber bezahlte seine Angestellten zu niedrigeren Sätzen als nach Tarif. Als wir davon Wind bekamen, entschieden wir, es zu boykottieren. Der Boykott dauerte eine Woche lang, bis der Besitzer aufgab. [...] Die Angestellten bekamen ihren Lohn nach Tarifsatz, und nun suchen wir das Lokal wieder auf.«

Mit 21 Jahren schreibt dies Olga Benario in Moskau, wohin sie nach der Befreiung von Otto Braun geflohen ist. Ihr Buch, das den Alltag und die Organisation der Kommunistischen Jugend Berlins beschreibt, erscheint 1929 auf Russisch. Das Originalmanuskript dieses wichtigen zeithistorischen Zeugnisses ist verlorengegangen, daher liegt es nun erstmals auf Deutsch vor.

Olga Benario wurde 1908 als jüngstes Kind einer jüdisch-sozialdemokratischen Anwaltsfamilie in München geboren. Mit 15 Jahren schloss sie sich der Kommunistischen Jugend an, 1925 ging sie mit Otto Braun nach Berlin, wo sie für den KJVD in Berlin-Neukölln und für die KPD arbeitete. Braun, wegen Hochverrat angeklagt, wurde von Benario und Genossen aus dem Moabiter Gericht befreit. Sie flüchteten nach Moskau, wo sie eine militärische Ausbildung bekam, infolge derer sie als Komintern-Agentin tätig war. 1936 wurde sie in Brasilien mit Luís Carlos Prestes verhaftet und, obwohl schwanger, nach Nazi-Deutschland ausgeliefert. In der Haft kam ihre Tochter Anita Leocádia Prestes zur Welt, die – nach einer weltweiten Kampagne für ihre Befreiung – 1938 an die Schwiegermutter übergeben wurde. Olga Benario wurde 1942 in der NS-Tötungsanstalt Bernburg ermordet.

OLGA BENARIO

BERLINER KOMMUNISTISCHE JUGEND

Aus dem Russischen
von Kristine Listau

VERBRECHER VERLAG

Erste Auflage
Verbrecher Verlag Berlin
www.verbrecherei.de

Alle Bilder sind der Broschüre entnommen: Galerie Olga Benario (Hg.), »Olga Benario. Eine Revolutionärin in Neukölln«, Berlin 2023.

Druck und Bindung: CPI Clausen & Bosse, Leck
Satz: Christian Walter

ISBN 978-3-95732-568-6

Printed in Germany

Der Verlag dankt Maja Billert, Charlotte Kuschka und Lutz Vössing.

INHALT

VORWORT

Das vorliegende Buch über die Kämpfe der jungen Kommunisten in Neukölln und anderen Berliner Arbeitervierteln der 1920er Jahre hat Olga Benario in Moskau im Jahre 1929 verfasst, nach ihrer Flucht aus Deutschland, wo auf sie ein Kopfgeld ausgesetzt wurde.

Meine Mutter Olga hatte 1928 im Alter von nur 20 Jahren eine Gruppe junger Kommunisten angeführt, die ihren damaligen wegen »Hochverrat am Vaterland« inhaftierten Freund Otto Braun aus dem Moabiter Gefängnis befreite.

Den alltäglichen Kampf der Berliner Jungkommunisten beschreibt Olga sehr anschaulich und detailreich, daneben verurteilt sie den durch die damalige Sozialdemokratie begangenen Verrat an den Arbeitern sowie den Aufschwung der faschistischen Gruppen im Deutschland jener Jahre.

Die Entschlossenheit ihrer Persönlichkeit, mit der sie später als Gefangene der Nationalsozialisten erklärte: »Wenn andere zum Verräter geworden sind, ich werde es jedenfalls nicht«, zeigt sich bereits hier in den Berichten, in denen sie über die Inhaftierung der Jungkommunisten schreibt: »Wir wissen, dass angesichts der Klassenjustiz Schweigen Gold ist.«

Olga schildert mit Begeisterung, wie ihre Berliner Genossen den faschistischen Provokationen auf der Straße mit beispielloser Courage begegneten. Sie berichtet über die von der sozialdemokratischen Regierung verbotene Demonstration vom 1. Mai 1929 in Berlin sowie das an den Arbeitern damals verübte Blutbad: 30 Tote, darunter neun Jugendliche. Der Faschismus war in Deutschland auf dem Vormarsch.

Wie ihre Genossen in Berlin bewundert Olga die Sowjetunion und die Erfolge, die das sowjetische Volk und die Jugend beim Aufbau des Sozialismus erzielt haben.

Ihren Bericht beschließt sie mit der Beteuerung, dass die kommunistische Jugend bereitsteht, dem Faschismus entgegenzutreten und sämtliche Hindernisse im Kampf für eine bessere Zukunft zu bewältigen. Sie endet mit den Worten des großen kommunistischen Revolutionärs Karl Liebknecht:

Es gibt auf Erdenrunden
Nichts, was uns zwingen kann:
Kein Gift und keine Wunden,
kein Teufel und kein Bann!

Rio de Janeiro, im Juli 2023
Anita Leocádia Prestes

VORBEMERKUNG DES SOWJETISCHEN VERLAGES

Dieses Buch wurde von einer jungen Kommunistin verfasst, die 1928 ihren Genossen Otto Braun aus dem Moabiter Gefängnis befreit hat und mit ihm in die UdSSR geflohen ist. Die Genossin Benario schildert die Arbeitsbedingungen und den Alltag der Kommunistischen Jugend Berlins. Sie erzählt von ihrer Arbeit in Bezirksausschüssen und Betriebszellen, ihren Diskussionen mit den Gegnern, von Landausflügen und ihrem Kampf gegen die Faschisten. Die unmittelbare Beteiligung der Autorin an den beschriebenen Ereignissen macht die Erzählungen besonders interessant.

Teile dem Verlag nach dem Lesen dieses Buches deine eigene Meinung mit. (An die Adresse: Moskau, Nowaja Ploschad, 6/8, Büro der Buchpropaganda.)

DAS ANTLITZ BERLINS

Berlin gehört weltweit zu den größten Städten. Hier ist ein großer Teil der verarbeitenden Industrie angesiedelt. Durch die Berliner Bahnhöfe, Lagerhallen, Kühlhäuser und Geschäfte laufen enorme Warenströme aller Art. Hier befinden sich die größten Bankhäuser, die Hauptsitze mächtiger Aktiengesellschaften und Konzerne. Vier Millionen Einwohner – die meisten von ihnen Proletarier – umfasst die Bevölkerung der Welthauptstadt. Der Charakter dieser Stadt bestimmt ihr Leben.

Im Zentrum sowie im Westen der Stadt stehen die Festungen der Bourgeoisie: die Börse, die Ministerien, das Parlament, die Botschaften, Hotels und Paläste. Hier sind auf den geraden und breiten Straßen Unmengen von Automobilen und Bussen unterwegs.

Im Osten, Süden und Norden liegen die Viertel, die von Arbeitern und Angestellten besiedelt sind. Gedrängte Hinterhöfe, dunkle Wohnungen, feuchte Keller – das ist das Gesicht des proletarischen Berlins.

Durch Straßenbahnen, Lastwagen, U- und S-Bahnen herrscht auf den Straßen pausenlos Lärm. In einem breiten Gürtel umgeben neue Häuser die Stadt, hier wohnen die Kleinbürger und die »arbeitende Aristokratie«.

Es gibt viele große Bahnhöfe und Binnenhäfen mit

umliegenden gigantischen Warenlagern. Der Puls der Stadt schlägt besonders im Zentrum ungewöhnlich schnell. Bereits in der Morgendämmerung stoßen zwei gegensätzliche Strömungen aufeinander – elegante Automobile der Bourgeoisie, die aus den Nachtlokalen und Bordellen heimkehren, sowie erste graue Arbeiterkolonnen, die die Straßen säubern, Zeitungsträger, Straßenkinder, die auf den Plätzen oder Hinterhöfen Schutz suchen, und hunderttausend Proletarier, die in überfüllten Straßenbahnen und U-Bahnen zur Arbeit eilen.

Die Textil-, Metallverarbeitungs-, Elektro- und Lebensmittelindustrie und die Druckereien machen den größten Anteil der Warenproduktion Berlins aus. Bei dem Unternehmen »Allgemeine Elektricitäts-Gesellschaft«* sind fünfzigtausend Arbeiter beschäftigt. Bei Siemens in seiner berühmten Stadt im Berliner Umland arbeiten ebenfalls fünfzigtausend Menschen usw.

Darüber hinaus gibt es viele kleine Fabriken und Betriebe in der Tabak-, Chemie-, Gas-, Papier-, Holzverarbeitungs- und Optikindustrie. Bis heute ist Berlin dadurch auch eine typische Stadt mit vielen Kleinunternehmen, in denen nicht mehr als zehn oder zwanzig Mitarbeiter beschäftigt sind.

Den größten Anteil unter den Bewohnern Berlins bilden allerdings die Angestellten, deren Zahl außergewöhnlich hoch ist: Regierungsbeamte und Stadtverwaltungsangestellte, Eisenbahner sowie hunderttausend

* AEG

Angestellte im Handel. Akademiker im öffentlichen Dienst gehören ebenfalls dazu.

Die soziale Zusammensetzung der Bevölkerung ist von hoher Bedeutung für das politische Gesicht Berlins. Tatsächlich gibt es in Berlin drei große Parteien:
– Kommunisten, die die Interessen des Berliner Proletariats vertreten.
– Sozialdemokraten, die sich als Arbeiterpartei bezeichnen; in Wirklichkeit handelt es sich jedoch um die Partei der Kleinbürger und der »arbeitenden Aristokratie« und ihrer Politik, um die Partei des Sozialfaschismus.
– Deutsch-Nationale Volkspartei – die Partei der Bourgeoisie.

Einige Jahre lang herrschte ein gewisses Gleichgewicht im Machtverhältnis zwischen den gegeneinander antretenden Parteien. In der letzten Periode wurde die kommunistische Partei jedoch merkbar stärker, zu Lasten der Sozialdemokratie. Dies wurde bei den *Wahlen der Hauptbetriebsräte im Frühjahr 1929* besonders deutlich. Damals erhielten die Kommunisten 347.325 Stimmen, die Sozialdemokraten 397.960 und die deutschen Nationalisten 182.029.

Besonders groß waren die Erfolge der Kommunisten in den proletarischen Stadtteilen: Wedding, Neukölln und Friedrichshain, die seit Langem das Zentrum der revolutionären Bewegung in Berlin darstellen.

DIE ARBEITERJUGEND BERLINS UND IHRE ORGANISATION

Das Berliner Proletariat besteht zum hohen Prozentsatz aus Jugendlichen – ein Ergebnis der kapitalistischen Rationalisierung. In Berlin gibt es nicht weniger als 491.000 junge Arbeiter und Arbeiterinnen im Alter von 14 bis 21 Jahren. Diese halbe Million arbeitender Jugendlicher muss der KJVD* für sich gewinnen und im Geiste des Kommunismus erziehen. Die regierende Bourgeoisie und ihre »Hofschranzen« in Form von Jugendorganisationen verfügen jedoch über unbegrenzte Möglichkeiten, ihren Einfluss zu verbreiten.

In erster Linie ist hier die bürgerliche Schule zu nennen. Sie ist das Instrument zur politischen Verblödung und ideologischen Korrumpierung der proletarischen Jugend. Dann kommen alle möglichen Sport- und Wandervereine, Lehrwerkstätten, Klubs, Jugendhäuser usw.

Die begabtesten Arbeiterkinder, vor allem diejenigen der »arbeitenden Aristokratie«, werden aus den Reihen der Proletarier gerissen, indem sie Möglichkeiten auf weitere Berufsausbildung erhalten. Die Arbeiterjugend wird in solchen Fällen, durch den Wunsch, in der Gesellschaft aufzusteigen, vom Klassenkampf abgehalten. Und die Bourgeoisie kommt so zu loyalen Fachkräften.

* Kommunistischer Jugendverband Deutschlands

Gegen junge Revolutionäre werden dagegen drakonische Maßnahmen eingesetzt: Denunziation, Entlassung, »Schwarze Liste«, Besserungsanstalt. Dies alles erwartet die Mutigen, die sich gegen die »bürgerliche Ordnung« auflehnen. Schließlich versuchen auch liberale und faschistische Jugendverbände die Arbeiterjugend unter ihren Einfluss zu bringen, und zwar mit Hilfe von Geldern, die sie von Kapitalisten bekommen.

Neben den bürgerlichen und insbesondere christlichen Jugendorganisationen, deren Einfluss auf die heranwachsende Generation nicht unerheblich ist, bleiben die Hauptgegner des KJVD die Sozialistische Arbeiter-Jugend* sowie die Jugendabteilungen der von ihr geprägten freien Gewerkschaften. Noch vor einigen Jahren war die Sozialistische Arbeiter-Jugend im Hinblick auf die Mitgliederzahlen der KJVD überlegen. In den letzten Jahren verschob sich jedoch das Kräfteverhältnis zu unseren Gunsten: Jetzt hat die SAJ 3.000 Mitglieder, während der KJVD 3.700 zählt.

In den Jugendabteilungen der freien Gewerkschaften, denen insgesamt etwa 10.000 Menschen angehören, kommt es ständig zum Führungskampf zwischen KJVD und SAJ. Wir hätten diesen Kampf längst für uns entschieden, wären wir nicht auf derart starken Widerstand seitens der Gewerkschaftsbürokratie gestoßen, die nichts unversucht lässt, um die verhassten Jungkommunisten loszuwerden. Und dennoch ist die Leitung der Abtei-

* SAJ

lungen von Grafikern, Schustern, Holzarbeitern und einigen anderen in die Hände des KJVD übergegangen. Im Metallarbeiter-Verband steht die Hälfte aller Mitglieder auf Seiten der Jungkommunisten. Im Allgemeinen freien Angestelltenbund konnten sich die Sozialdemokraten nur deshalb retten, weil sie alle kommunistischen Aktivisten aus der Jugendabteilung hinausgeworfen und erneuten Zugang für unsere Partei ausgeschlossen haben.

Unseren sowjetischen Genossen wird die Anzahl der Mitglieder des Berliner KJVD und sogar diejenige der Jugendabteilungen der Gewerkschaften sehr niedrig vorkommen (3.000 plus 10.000 auf fast 500.000 junge Proletarier Berlins). Wenn man allerdings die Mitgliederzahlen der deutschen und sowjetischen Kommunistischen Jugend miteinander vergleicht, sollte man bedenken, dass sich das Ganze zum einen in einem bourgeoisen Staat zuträgt und dass zum anderen der Einfluss des Berliner KJVD, wie auch der Partei, um ein Vielfaches höher ist als die Organisationsgröße. Diese Umstände unterstreichen natürlich die nächste zentrale Aufgabe der Jungkommunisten in Deutschland – die Erfolge der Organisation mit ihrem ideenpolitischen Einfluss in Einklang zu bringen.

Die Arbeit des KJVD wird von befreundeten revolutionären Jugendorganisationen unterstützt: der zurzeit verbotenen Jugendabteilung des Roten Frontkämpferbundes – Rote Jungfront, die in Berlin 2.000 Mitglieder stark ist, sowie der Arbeiter-Turn- und Sportbund, in dem junge und erwachsene Arbeiter Seite an Seite aktiv sind.

Schließlich leitet der KJVD auch die Spartakisten-Vereinigung Junge Garde mit 1.000 Mitgliedern, während der Sozialistische Schülerbund 400 Mitglieder zählt, dem hauptsächlich Kinder aus dem Kleinbürgertum angehören.

Die Berliner KJVD-Organisation ist gemäß der administrativen Aufteilung Berlins sowie nach dem Vorbild der Kommunistischen Partei in zwanzig Stadtteile, die »Bezirke«, gegliedert. Die Gesamtleitung des Berliner KJVD liegt in der Hand des Berliner Bezirksausschusses, bestehend aus dem Sekretariat, den Leitern der Fachausschüsse und 25 Delegierten der wichtigsten Organisationen und Betriebe. An der Spitze der einzelnen Bezirksorganisationen stehen wiederum Ausschüsse bzw. Komitees, die nach gleichem Prinzip zusammengestellt werden. Innerhalb eines Bezirks wird die Organisation in Betriebszellen und Ortsgruppen unterteilt. Obwohl es politisch unabdingbar erforderlich ist, dass Betriebszellen hauptsächlich die Basis der Organisation bilden, ist es in der Praxis sehr schwierig, dies umzusetzen. Der KJVD in Berlin hat 127 Ortsgruppen, jedoch nur 37 Betriebszellen. Abgesehen von verständlichen Schwierigkeiten, unter kapitalistischer Bespitzelung ständige Zellen in Großbetrieben zu installieren, muss man bedenken, dass es in den Bezirken mit den stärksten kommunistischen Jugendverbänden keine Großbetriebe gibt und dass der KJVD alle seine Anstrengungen darauf konzentriert, sämtliche Hindernisse zu überwinden, um das Hauptgewicht seiner Arbeit zunehmend in die Betriebszellen zu verlagern.

Auf die unterschiedlichen Bezirke Berlins sind die KJ-Zellen folgendermaßen je nach Charakter eines Bezirkes aufgeteilt:

A. Bezirke, die ausschließlich oder hauptsächlich proletarisch sind:

BEZIRKE	Mitglieder-zahl	Orts-gruppen	Betriebs-zellen
2. Moabit	90	2	2
3. Wedding	320	10	4
5. Friedrichshain	400	12	2
8. Spandau	40	1	3
4. Prenzlauer Berg	190	6	–
14. Neukölln	320	9	2
17. Lichtenberg	200	4	3
20. Reinickendorf	180	5	1

B. Gemischte Bezirke, zum Teil von Arbeitern und Kleinbürgertum bewohnt, in denen es jedoch Großbetriebe gibt:

BEZIRKE	Mitglieder-zahl	Orts-gruppen	Betriebs-zellen
1. Mitte	210	6	6
6. Kreuzberg	240	7	6
15. Treptow	160	4	4
19. Pankow	150	4	2
7. Charlottenburg	80	2	–
13. Tempelhof	50	2	–
16. Köpenick	60	2	–

Die letzte Gruppe in den vier hauptsächlich bzw. ausschließlich bürgerlichen Bezirken ohne nennenswerte Unternehmensstruktur umfasst insgesamt 320 Mitglieder.

Weil zum gesamten KJ-Bezirk Berlin-Brandenburg auch die Region um Berlin herum gehört, müssen zu den angegebenen Zahlen noch die Mitgliederzahlen der Ortsgruppen in Potsdam, Hennigsdorf, Fürstenwalde, Eberswalde usw. hinzugefügt werden.

Diese kurz skizzierten Ausführungen über Berlin und die Berliner Kommunistische Jugend sollen es den russischen Komsomolzen erleichtern, das Innenleben der Bruderorganisation zu verstehen.

ARBEITSALLTAG DES BERLINER BEZIRKSAUSSCHUSSES

Auf dem Bülowplatz ragt ein prachtvolles fünfstöckiges Gebäude in die Höhe – das »Karl-Liebknecht-Haus«. Hier befinden sich die Redaktion der Zeitung »Rote Fahne«, das Zentralkomitee der KPD, das ZK des KJVD sowie die Bezirksausschüsse der KPD und des KJVD Berlin-Brandenburg.

Gleich links neben dem Eingang liegen Prospekte aus. Arbeiter und Parteiaktivisten wuseln hin und her, um Material zu holen oder um Aufgaben zu erhalten. Manchmal kann man hier auch Gesichter von Polizeiagenten ausmachen. Sie sind auf der Suche nach irgendwelchen verbotenen Broschüren, doch zumeist vergeblich.

Jeder, der das Parteigebäude betreten will, stößt als erstes auf den dicken Hugo. Niemand kommt an ihm vorbei, ohne den Personalausweis vorzulegen. Wenn die Polizei zur Haussuchung auftaucht, schlägt er Alarm. Zu unseren Genossen ist er gutmütig und freundlich, was man allerdings über die Schäferhündin Bella, die ebenfalls den Eingang bewacht, nun wirklich nicht sagen kann. Niemand wagt es, sich ihr zu nähern.

In einer Ecke der dritten Etage hat sich der Berliner Bezirksausschuss der KJ in zwei kleinen Zimmern eingerichtet. Die Räume sind derart überfüllt, dass man sich kaum umdrehen kann. Helmut, der einzige Sekretär des Bezirks, und die Stenotypistinnen haben alle Hände voll zu tun. Kuriere aus verschiedenen anderen Bezirken holen die Post ab. In einem großen Schrank haben sie alle eine eigene Schublade; dort wird die gesamte Post gesammelt. Heute müssen die Kuriere auch noch Plakate und Flugblätter mitnehmen. Diese müssen abgezählt und bereitgelegt werden.

Plötzlich klingelt das Telefon. Der politische Führer aus dem Wedding verlangt um jeden Preis einen Referenten für die nächste Sitzung des Bezirksausschusses. Diese Forderung wird auf einem Kärtchen notiert. Kaum hat man den Stift aus der Hand gelegt, rattert das Telefon schon wieder los. Der zwölfte Bezirk fordert für die Rummelsburger Zelle einen Redner zum Thema »Unsere Gegner«.

Die Kuriere treiben fluchend zur Eile an – sie haben keine Zeit! Endlich ist ein Fach fertig. Wieder das Telefon! Aus den Bezirken werden Versammlungsankündigungen für den Veranstaltungskalender der »Roten Fahne« gemeldet. Diese müssen so bald wie nur möglich an die Redaktion weitergeleitet werden, andernfalls schaffen sie es nicht mehr in die morgige Ausgabe. Die Orgleiter des ersten und fünften Bezirks sind arbeitslose Genossen, die daher ungeachtet der viel zu frühen Stunde bereits auf der Matte stehen. Sie schimpfen darüber, dass man ihren Bezirken zu wenige Mandate für die Bezirksversammlung zugesprochen hat. Zum fünften Mal wird ihnen erklärt, dass die Mandate nach der Höhe der in den letzten drei Monaten gezahlten Mitgliedsbeiträge verteilt werden.

Nun kommt der kleine Heinze, der die Berufsschulen »bearbeitet«. Hinter ihm sind vier Beauftragte der größten Schulen. Er besteht darauf, dass man ihm eins der Zimmer für eine Kommissionssitzung überlässt. Seine Wortgewandtheit hilft ihm jedoch nicht, und so geht er wieder, in der Hoffnung, im fünften Stock im ZK eine stille Ecke für die Besprechung zu finden.

Der Bezirksausschuss der Partei erinnert den Politsekretär bereits zum zweiten Mal daran, dass er sich auf der Sitzung des Sekretariats einzufinden hat. Es ist fünf Uhr, und weil in den Betrieben die Arbeitszeit zu Ende ist, kommen auch andere Mitglieder des Bezirksausschusses. Sie nehmen die Arbeit auf, die gerade anliegt, und Helmut geht endlich zur Sitzung.

Paul, der Leiter der Gegnerbeobachtung, liest zufrieden Mitteilungen aus verschiedenen Bezirken über Diskussionsabende mit sozialdemokratischer Jugend sowie über die Sprengung faschistischer Versammlungen.

Der Agitpropagandaleiter eilt zur Rotationspresse, die sich auf dem Dachboden befindet, um den Druck einer Materialsammlung für die nächste Kampagne schnell zu beginnen. Die Maschine startet mit einem teuflischen Lärm. Aber dafür wird das Material bereits morgen fertig sein. Das bedeutet, dass die Bezirke die Drucksache vier Wochen vor dem Kampagnenbeginn erhalten. Das ist die Arbeit wert!

Währenddessen geht es unten immer heißer zu. Dort tagt der Ausschuss zur Vorbereitung einer gesamtberliner Schulung für die Leitungskräfte. Es gibt eine hitzige Debatte darüber, wen man als Referenten über die Parteigeschichte gewinnen könnte.

Wieder das Telefonklingeln: »Hallo! Wer? Vierter Bezirk? Ja, was ist los? Was? Ihr braucht einen Referenten für heute Abend?! Wisst Ihr etwa immer noch nicht, dass man Referenten drei Tage vor der Versammlung anfordern soll?! Nein, alle Bezirksausschussmitglieder sind heute beschäftigt, manche treten sogar an zwei Orten auf. Was? Das wissen wir ganz genau! Zu welchem Thema? Die sowjetische Wirtschaftsentwicklung in Zahlen? In Ordnung, wir versuchen, jemanden aus dem Parteiausschuss zu schicken, aber wenn niemand kommt, ist es Eure Schuld.«

Der Agitprop kommt wieder angerannt. »Wie spät ist es? Wer hat die Uhrzeit? Wie, es ist bereits halb sieben?! Ich muss sofort los, ich habe eine Zellenversammlung in Potsdam, dorthin sind es gut eineinhalb Stunden Fahrt!«

Paul fährt gleichzeitig mit ihm los. Bis zum Potsdamer Platz sind sie Weggenossen, dann aber biegt Paul nach Steglitz ab zur Versammlung der sozialistischen Jugend.

In den kleinen Räumen auf der dritten Etage wird es still.

In zwanzig Bezirken tagen Ausschüsse der Zellenversammlungen. Unsere Redner treten in gegnerischen Organisationen auf. Die Kommunistische Jugend Berlins ist im Einsatz!

NEUKÖLLNER BEZIRK

U-Bahn-Station Bergstraße. Wir befinden uns in Neukölln, dem größten Arbeiterviertel Berlins. Auf den Straßen sind viele Arbeiter und Kleinbürger zu sehen. Viele tragen den Sowjetstern an ihrer Brust. Jugendliche in Jungsturm-Uniformen der RJ* geben dem Straßenbild eine besondere Prägung. Nicht von ungefähr wird Neukölln »Klein-Moskau« genannt.

Breit und lang verläuft die Bergstraße; U-Bahn, Busse und Straßenbahn verleihen ihr ein lebendiges und großstädtisches Flair. Die Seitenstraßen offenbaren jedoch das wahre Gesicht des proletarischen Viertels. Hohe, überfüllte vier- bis fünfstöckige Mietskasernen, Wohnungen, in die kein Sonnenlicht je eindringt, Kinder wühlen im Dreck ... – das ist der Bezirk Neukölln.

In einer dieser Seitenstraßen befindet sich das Unterbezirksbüro der Kommunistischen Partei. Sie verfügt über eine Ladenfläche mit einem Schaufenster, zwei weitere Räume und eine Küche. Im ersten Raum ist die Versandabteilung der »Roten Fahne« untergebracht, im zweiten befindet sich das Parteisekretariat. Schreibmaschine, Rotationspresse und einige Schreibutensilien – das ist die gesamte Ausstattung der Parteizentrale. Hinter der Schreibmaschine sitzt zumeist ein arbeitsloser

* Rote Jungfront

Genosse, der irgendwas mit ungeübter Hand in die Tasten haut. Im letzten Raum ist die Bibliothek. Hier steht ein langer Tisch, der teils für Sitzungen, teils fürs Erstellen von Plakaten genutzt wird. Und in der Küche schließlich ist das Sekretariat der KJ* untergebracht. Der Herd ersetzt den Tisch. Eine fünfte Person macht aus diesem Raum eine beengte Kammer, aus der man sich kaum herauswinden kann. Daher strömt die Jugend in die Räumlichkeiten der Partei; mit freundlichem Lachen begegnet sie den »Drohungen« der Parteigenossen, die die KJ »rauszuschmeißen« versprechen.

Heute findet die Sitzung des KJ-Unterbezirksausschusses statt. Polleiter der Ortsgruppen »Lenin«, »Liebknecht«, »Luxemburg«, »Budjonny«, »Karl Marx«, »Franz Mehring« sowie die Betriebszellen »Reh & Praedel« und »Vulkanhammer« finden sich nach und nach in den Räumen ein. Gekommen sind ebenfalls die Abteilungsleiter des Unterbezirksausschusses.

Auf der Tagesordnung steht die Vorbereitung des Internationalen Jugendtages. Der Vorsitzende des Unterbezirksausschusses gibt einen kurzen Überblick über die aktuelle politische Lage und spricht über die Losungen, zu denen die Jugendkonferenz durchgeführt wird. Daraufhin legt der Agitpropleiter seinen Arbeitsplan dar.

Er schlägt vor, für die interne Verbandsarbeit die Kurse »Imperialismus und Kriegsgefahr« sowie »Geschichte der proletarischen Jugendbewegung« zu organisieren.

* Kurzform für KJVD

Für die externe Werbung soll die Kampagne mit der Eröffnung der Ausstellung »Krieg für und gegen wen« starten. Außerdem wird am Freitag vor dem Internationalen Jugendtag in den größten Räumen Neuköllns, den sogenannten »Kliems Festsälen«, die 3.000 Menschen fassen können, eine geschlossene Versammlung stattfinden. Die Propaganda wird folgendermaßen durchgeführt:

- Haus- und Hofagitation.
- Fahrradfahrerkolonnen.
- Verteilung von Flugblättern.
- Demonstration durch Neukölln und Konzerte.

Der Unterbezirksausschuss bringt ein Faltblatt, Plakate und Flugblätter heraus. Das ZK produziert ein buntes Plakat. Schließlich wird auch noch eine Sonderausgabe der »Jungen Garde« in erhöhter Auflage veröffentlicht. Für die Mobilisierung der Massen wird ein Jugendkomitee aus Vertretern der Gewerkschaften, Betrieben, Berufsschulen sowie aus Delegierten von Arbeitersport- und Arbeiterkulturvereinen gegründet.

Nun beginnt die Diskussion; einige der Vertreter der Zellen finden, dass man ihnen zu viel Arbeit aufgebürdet hat. Der Vertreter einer Betriebszelle fordert, dass die Feierlichkeiten in sämtlichen Betrieben Neuköllns stattfinden sollten, auch dort, wo es noch gar keine Zellen gibt. Der Parteivertreter ist mit den Vorschlägen einverstanden und verspricht volle Unterstützung. Nur als die Frage nach den Geldern für den Druck der Broschüren aufkommt, weigert er sich, diese zu bewilligen, weil die Partei bereits Schulden bei der Druckerei hat. Der Leiter eines Dorfkomitees empört sich darüber, dass man seinen Bereich offensichtlich vollkommen vergessen hat. Er fordert, dass so bald wie nur möglich eine Agitationsfahrt auf dem Land durchgeführt wird.

Schließlich wird der Plan mit sämtlichen Ergänzungen angenommen. Und nach der Klärung einiger aktueller Fragen wird die Sitzung geschlossen.

Es ist bereits halb elf. Es wird der Vorschlag gemacht, »zusammen Eis essen zu gehen!« Alle sind einverstanden. Auf der Bergstraße gibt es ein kleines Café, wo eine Kugel Eis zehn Pfennig kostet. Dorthin macht sich die ganze Kompanie auf. Für diejenigen, die kein Geld haben, zahlen die Genossen. Das Eis ist herrlich! Unser *Poet* ist jedoch traurig. Er hat etwas, worüber er grübeln muss; denn den größten Anteil des Veranstaltungsprogramms muss die Agitprop-Truppe vorbereiten.

»Mensch«, knurrt Max in seiner Ecke, »stellt Euch das mal vor, wie der SAJ mit vegetarischen Speisen einen Krieg verhindern will!«

»Oder«, ruft Lotte, »zeigt doch mal als Ballett, wie die Pfaffen die Schule infiltrieren!«

Die allerbesten Ideen kommen einem nach dem Eis essen!

Allerdings konnte es auch in diesem Café gewittern. Dessen Inhaber bezahlte seine Angestellten zu niedrigeren Sätzen als nach Tarif. Als wir davon Wind bekamen, entschieden wir, es zu boykottieren. Der Boykott dauerte eine Woche lang, bis der Besitzer aufgab, weil er Angst hatte, mit uns seine wichtigsten Kunden zu verlieren. Die Angestellten bekamen ihren Lohn nach Tarifsatz, und nun suchen wir das Lokal wieder auf.

EIN ABEND DER ORTSGRUPPE »KARL LIEBKNECHT«

Etwa drei Tage vor einem Gruppenabend kommt der sogenannte Zehnerführer mit einer schriftlichen Einladung zu Besuch zu den Mitgliedern nach Hause. Bei einem kurzen Gespräch klebt er eine Marke ins Mitgliedsbuch – der Nachweis, dass man seinen Mitgliedsbeitrag bezahlt hat – und versucht, jedem eine Zeitung oder ein neues Buch aufzuschwatzen, natürlich gegen Geld, und dann geht er schnell wieder, da er noch neun weiteren Jungkommunisten einen ähnlichen Besuch abstatten muss.

Gewöhnlich findet der Gruppenabend donnerstags statt. Die meisten Zellen halten ihre Abende wie auch die Sitzungen in schmutzigen Hinterzimmern der Kneipen ab, wo man, auch wenn man nichts verzehrt, dennoch ein bis zwei Mark bezahlen muss.

Bedeutend angenehmer ist es, sich im sogenannten Stadtjugendheim zu treffen, dafür benötigt man allerdings eine Genehmigung. Ab und an gelingt es, diese für zwei Stunden in der Woche zu bekommen. Doch in letzter Zeit versuchen die städtischen Behörden immer wieder, der KJ das Recht auf diese Räume zu entziehen, indem sie Bedingungen stellen, deren Erfüllung zum politischen Gesichtsverlust der Organisation führen würde.

Die Jungkommunistin Lucy und ein weiterer Genosse eilen mit Paketen und Rollen aus dem Büro. Sie müssen den Raum dekorieren, bevor die anderen eintreffen. Beim Kämpfen um jeden einzelnen jungen Arbeiter bemühen wir uns selbstverständlich darum, dass dieser sich bei uns auch wohlfühlt. Da kann ein gut dekorierter Raum hilfreich sein.

Auf einen kleinen Tisch wird ein Stuhl gestellt, der mit rotem Stoff bezogen wird. Auf diesen stellen wir eine Lenin-Büste und die Porträts von Karl und Rosa. Die rote Fahne der Zelle wird ausgerollt; die Wandzeitung ausgehängt. Mit ein wenig Einfallsreichtum schaffen wir eine gute leninistische Ecke.

Da auf der Tagesordnung die Sowjetunion steht, wird an der Wand das Plakat »Schützt den ersten Arbeiterstaat der Welt!« befestigt.

Um acht Uhr haben sich etwa 50 Leute angesammelt. Die Mitglieder des Zellenbüros strahlen: Unter den Anwesenden sind zehn neue Gäste.

»Fritz, hast Du Gäste mitgebracht?«

»Ja, ich habe ein paar Kumpel von der Arbeit angeschleppt, die sollen sich mal umschauen!«

Lucy schubst Paul an: »Wenn sie der KJ beitreten, haben wir eine Basis für die Gründung einer Betriebszelle in der Fabrik Butzke und Joseph.«

Der Abend beginnt mit einem Lied. Lika, die sehr gut vortragen kann, liest das Gedicht »Die Feuerreiter von

Petrograd« von F. C. Weiskopf. Dann spielt das Zellenorchester, bestehend aus zwei Gitarren, einer Mandoline und einer Geige, den »Budjonny-Marsch«. Diesem folgt ein Vortrag mit Lichtbildern über »Die Arbeiterjugend der Sowjetunion«. 70 Bilder zeigen das Leben und die Arbeit des Komsomol und der russischen Jugend. Anhand anschaulicher Beispiele verdeutlicht der Referent die Unterschiede zwischen dem kapitalistischen Deutschland und der sozialistischen Sowjetunion.

Franz, der Politleiter der Zelle, verkündet unerwartet: »Es ist ein Brief von einer sowjetischen Komsomolzen-Zelle angekommen.«

Für uns ist das eine große Überraschung. Die sowjetischen Komsomolzen erzählen über ihr Leben, darüber, wie viel sie verdienen, wie sie ihre Freizeit verbringen, über Kulturausflüge usw.

Jemand sagt: »Zeig mal den Brief, vielleicht hat ihn einer von uns geschrieben.«

Befriedigt schauen sie sich sehr genau den russischen Text an, natürlich ohne irgendein Wort zu verstehen. Auch die Unterschriften werden als einwandfrei anerkannt!

Ihrem Brief haben die russischen Genossen Fotografien beigelegt. Auf einer ist die Zelle abgebildet.

»Die sind ja alle aus der gleichen Fabrik! Klar, schließlich werden sie nicht entlassen, nur weil sie Kommunisten sind!«

»Tolle Burschen, nicht wahr? Sie sehen alle so unbeschwert und frei aus.«

»Ja, weil sie die Peitsche des Herrn und Meisters nicht kennen; sie sind die Jugend der herrschenden Klasse!«

Lange noch wird über den Brief geredet. Danach wählen wir eine Kommission, die die Antwort verfasst, und beschließen, den russischen Genossen unsere Wandzeitung zu schicken.

Zum Ende des Abends gibt es eine Ankündigung: »Für den Sonntag ist eine Haus- und Hofbesichtigung zu Agitationszwecken geplant. Treffpunkt ist um zehn Uhr morgens im Zellenbüro. Am Abend gibt es eine Vorführung des neuen sowjetischen Films ›Die Mutter‹.«

Ein Ausruf erfolgt: »Und wer geht heute Nacht Plakate kleben?«

Es findet sich eine Reihe Freiwilliger.

»Habt Ihr denn guten Kleister?«

»Ja, er ist vollkommen in Ordnung!«

»Wann gehen wir?«

»Um halb zwölf!«

Ein Kampflied und der kollektive dreifache Ruf »Moskau lebe hoch!« beschließen den Abend.

NÄCHTLICHER SPAZIERGANG

Es ist Mitternacht. In den Straßen sieht man nur noch spärlich Passanten. Ein Pärchen taucht auf. Fünfzig Meter von ihnen entfernt stehen nochmal zwei junge Arbeiter: Einer trägt Eimer und Pinsel, die andere eine Papierrolle. Mit einigem Abstand von diesen ist noch ein Liebespärchen unterwegs, ebenfalls mit großen Bündeln.

Die jungen Leute bleiben oft stehen, augenscheinlich, um Liebesschwüre und Küsse auszutauschen. Ein zufällig an ihnen vorbeilaufender Passant würde die Pärchen gar nicht beachten: Gibt es doch genügend junge Leute, die sich nach Liebe sehnen, nicht wahr? Ein aufmerksamerer Beobachter hätte jedoch bemerkt, dass die Pärchen mit Eimern und Papier sich nicht isoliert voneinander bewegen. Ja, und das ist allzu nachvollziehbar: Denn sie alle sind von der Kommunistischen Jugend und unterwegs, um Plakate zu kleben. Sie halten nicht an, um sich zu küssen, sondern um den Pinsel in den Kleister zu tauchen und damit ein Plakat zu befestigen.

Das Plakatieren ist eine Kunst für sich. Es ist nicht allzu schwer, Plakate an irgendeinen beliebigen Ort zu kleben. Das kann jeder. Versuch jedoch mal solche Stellen zu finden, die gleich ins Auge springen, für Polizisten aber unzugänglich sind!

Es ist bereits halb eins, eins. Einige Straßen sind »bearbeitet«. Plötzlich pfeift das erste Pärchen; eine Polizeipatrouille ist im Anmarsch. Zwei Leute mit Kleister und Eimer verschwinden schnell im Schatten eines Wohnhauses. Die Pärchen an der Ecke tun so, als ob sie außerordentlich beschäftigt wären. Die Patrouille läuft vorbei, ohne etwas zu bemerken. Glück gehabt! Das Plakatieren geht weiter. Allerdings haben die Ordnungshüter einige Plakate entdeckt. Die Suche nach den Schuldigen beginnt. Die Nachhut der KJ-Kolonne vermeldet, dass eine Streifenverstärkung anrückt. Jetzt ist es Zeit abzuhauen!

Es pfeift dreimal! Der Kleistereimer wird in einer dunklen Ecke abgestellt; vielleicht kann man ihn später noch retten. Alle entfernen sich schnell.

Eine Stunde später geht Max los, um den Kleister zu holen. Weiter zu plakatieren ist heute vollkommen undenkbar, da die Polizei auf der Hut ist. Und auch der Eimer ist weg! Offensichtlich hat man ihn auf der Grundlage irgendeines Gesetzesparagrafen zum Schutze der Republik konfisziert.

Max kann sich auf etwas freuen, schließlich hat er den Eimer von seiner Mutter »ausgeliehen«.

HAUS- UND HOFAGITATION

Jeden Tag stehst Du um sechs Uhr auf; außer am Sonntag, dem einzigen Wochentag, an dem Du richtig ausschlafen kannst. Wie schön ist es im Bett! Kaum willst Du Dich auf die andere Seite drehen, fällt Dir ein: Heute findet doch die Haus- und Hofagitation statt! Sofort aufstehen, um es noch rechtzeitig zum Treffpunkt zu schaffen!

Um zehn Uhr treffen sich die Genossen am Zellenbüro. Sie werden zunächst in drei Gruppen aufgeteilt. Dann werden die Leute einzelnen Häusern zugeteilt, die es zu »bearbeiten« gilt. Sogleich beginnen sie zu wetten und zu streiten: Wer wird das meiste Geld einsammeln?

Die Arbeit wird gut organisiert. Ein Genosse bleibt beim Hoftor, um zu warnen, falls die Polizei kommt. Zwei andere versorgen sich mit genügend Ausgaben der »Jungen Garde« – unserer Zeitung der werktätigen Jugend –, einer Sammelbüchse und Eintrittskarten für die nächste Aufführung. Aus eigenem Antrieb finden wenige Arbeiter den Weg zu unseren Veranstaltungen, daher gehen wir zu ihnen nach Hause und versuchen, sie zum Kommen zu verleiten.

Fünf bis zehn Genossen betreten einen Innenhof. Ein Signalhorn und ein Lied ziehen alle Aufmerksamkeit auf sich. In sämtlichen Fenstern erscheinen Gesichter. Junge und alte – sie alle sind neugierig, warum wir gekommen sind. Ein Genosse hält eine kurze Ansprache. Da wir jedoch wahrlich keine großen Redner sind, spielen wir anschließend auf dem Grammophon eine Rede unseres Parteiführers, dem Genossen Thälmann, ab. Die Stimme des Sprechers ist klar und deutlich, nicht nur ein Proletarier nickt zustimmend. Danach noch ein Lied und weiter geht's zum nächsten Hof!

Währenddessen laufen unsere Genossen mit den Sammelbüchsen und der Literatur die Treppen hoch und runter, von einer Wohnung in die andere und versuchen, das Material unter die Leute zu bringen. Es ist höchst interessant, von Tür zu Tür zu gehen.

Manchmal wird die Tür nur einen Spaltbreit geöffnet: »Kommunisten?« Und die Tür wird mit einem Knall wieder zugeschlagen.

Häufig kommt auf unser Klingeln die Hausfrau angestürmt: »Kommunisten? Nein, mit euch wollen wir nichts zu tun haben!« Wir wollen schon kehrtmachen, als plötzlich die Tür wieder aufgeht. Diesmal ist es ihr Mann. Er flüstert: »Wisst Ihr, meine Frau hat Angst, dass ich meine Arbeit verliere, wenn ich mich mit den Kommunisten abgebe. Aber ich spende gern was!« Und dann klingelt das Geld in der Sammelbüchse!

Doch nicht immer gibt es solch einen Empfang. Oft kaufen die Bewohner mit aufmunternden Worten bei uns die Zeitungen und versprechen, während sie das Geld in die Büchse werfen, zur nächsten Veranstaltung zu kommen. Es ist rührend zu sehen, wie klapprige alte Damen mit zitternder Hand eine Münze hineinwerfen. Ihr ganzes Leben haben sie an Gott geglaubt, ihnen geholfen hat er allerdings nicht. Jetzt folgen sie den Kommunisten, sie sind ihre letzte Hoffnung.

Die Büchse füllt sich langsam. Die Anzahl der Zeitungen und Einladungskarten verringert sich zusehends.

Wir haben fünf Stunden lang gearbeitet. Unsere Beine sind schwer; wir sind müde. Die Redner und Sänger sind alle der Reihe nach heiser geworden. Wir kehren zurück zum Treffpunkt. Der Rest der Genossen ist bereits wieder da.

Nun beginnt das Interessanteste am Ganzen: Es wird gezählt, wer wie viel gesammelt hat. Um den Rechnenden herum hat sich ein großer Kreis gebildet. Alle warten auf das Ergebnis. Endlich ist alles zusammengezählt. Wir haben 50 Mark gesammelt, 41 Eintrittskarten verkauft und 38 Ausgaben der »Jungen Garde« verteilt.

Müde und hungrig kehren wir heim. Gut gemacht!

ROTE RADLER

Der Bezirksausschuss hat alle Zellen verpflichtet, die Fahrradfahrer unter ihnen am Freitag um halb sechs Uhr abends zu mobilisieren. In Berlin sind die Entfernungen ungemein groß: Es ist viel günstiger, sich ein Fahrrad auszuleihen, als mit der Straßenbahn zu fahren. Daher besitzt ein Großteil unserer Genossen Fahrräder.

Um halb sechs kommen von allen Seiten aus Fahrradfahrer angefahren. Klingeln und Sirenen produzieren großen Lärm. Im Sekretariat der KJ steht alles bereit. An die Räder werden Bänder aus rotem Papier und auf den Fahrrädern Plakate und Banner befestigt. Derjenige, der an der Spitze fährt, bekommt eine große rote Fahne. Jeder fünfte Genosse bekommt einen Stapel Flugblätter. Wir fahren los. Langsam bewegt sich unsere Kolonne durch die Straßen: vorne der Fahnenträger, hinter ihm eine lange Kette von Fahrradfahrern in zweifacher Reihe. Von Zeit zu Zeit ist auf Kommando – eins, zwei, drei – eine kollektive Losung zu hören:

»Alle jungen Arbeiter auf den Internationalen Jugendtag!«

»Krieg dem Imperialistischen Krieg!«

»Tod dem Faschismus, Berlin bleibt rot!«

»Schützt die Sowjetunion!«

Unter den zuschauenden Arbeitern werden Flugblätter verteilt. Diese Agitationsform ist polizeilich verboten. Deswegen fährt vor der Kolonne einer unserer Radler, der ein unbeteiligtes Gesicht macht und so tut, als ob er gar nicht zur Kolonne gehört. An seinem Fahrrad sind weder Bänder noch Plakate befestigt. Sobald er jedoch einen Polizisten erblickt, gibt er ein Signal, und die ganze Kolonne biegt ab und verschwindet in einer der Seitenstraßen. Wenn nicht abgebogen werden kann, dann rast die Kolonne so schnell an dem Polizisten vorbei, dass er keine Zeit hat zu begreifen, was los ist.

Es wird dunkel.

Die Teilnehmer nehmen die Verzierungen von den Rädern; die Plakate und die Fahne werden ins Sekretariat zurückgebracht. Innerhalb von fünf Minuten sieht unsere Kavallerie ganz gewöhnlich aus.

UNSERE AUSSTELLUNG

In Neukölln gibt es eine Kneipe, deren Wirt Parteimitglied ist. Wir dürfen das Hinterzimmer kostenfrei nutzen. Nur der Strom muss bezahlt werden. Und ehrlich gesagt, auch diesen zahlen wir nur selten.

Hier organisieren wir unsere Ausstellung. Aus verschiedenen Archiven und Magazinen besorgen wir alles Mögliche an Material. An Holzstangen werden Papierbanner befestigt und darauf Bilder geklebt, die Wände werden mit rotem Stoff ausgekleidet. Die Ausstellung ist in folgende Abteilungen eingeteilt:

- Leben und Kampf der KIJ
- Kriegsgefahr
- Sowjetunion
- Kirche und Krieg
- Rolle der Sozialdemokratie
- Kulturelle Reaktion.

Wir sind sehr stolz, russische Wandzeitungen sowie einiges an Material von internationalen kommunistischen Presseorganen präsentieren zu können. Außerdem organisieren wir eine Buchausstellung und eine Leseecke. In einer anderen Ecke sind die Wandzeitungen verschiedener Zellen ausgehängt; die beste wird einen Preis

gewinnen. Dafür werden alle Besucher nach ihrer Meinung befragt.

Um die Aufmerksamkeit der Passanten auf unsere Ausstellung zu lenken, stellen wir eine zweieinhalb Meter hohe Säule auf und streichen sie rot an. Diese Säule stellen wir auf Räder. Über dem Eingang bringen wir ein Lichtbanner an, der elektrisch ausgeleuchtet wird; auf dem roten Tuch steht geschrieben: »Krieg dem imperialistischen Krieg!« In den Fensterläden zeigen wir Bilder. Das alte Gasthaus erhält ein vollkommen neues Antlitz. Alles ist bereit; bleibt nur noch, Gäste einzuladen.

In unserem Bezirk gibt es eine Reihe von Kinos, deren Vorführungen jeden Tag um fünf Uhr beginnen. Am Ende der Vorstellungen warten einige unserer Genossen am Ausgang und verteilen unter dem rauskommenden Publikum Ausstellungseinladungen. Gleich hier auf der Straße bilden sich Diskussionsgruppen, entwickelt sich ein lebhafter Streit über Sozialdemokratie, die Kommunisten, den Krieg.

Dank solcher Methoden ist es uns gelungen, nicht wenige Besucher in unsere Ausstellung zu locken. Von der Zelle eingeteilte Ausstellungsführer erklären die Bedeutung der einzelnen Exponate. Und abends werden in den Ausstellungsräumlichkeiten Konzerte veranstaltet.

Häufig müssen wir heftige Streitgespräche führen; meist mit Mitgliedern aus gegnerischen Organisationen.

Die Sozialdemokraten bezweifeln die Echtheit der Fotografien und statistischen Daten aus der Sowjetunion sowie unsere Auffassung, dass unmittelbare Kriegsgefahr besteht. Mitglieder des Christlichen Vereins Junger Männer* empören sich über unsere Darstellung der Kirche und deren Rolle im bevorstehenden Krieg. Solche Streitgespräche können oft bis nach Mitternacht andauern.

Die Ausstellung ist acht Tage lang zugänglich. Eintausend Menschen besuchen sie. Dank ihr können die Jungkommunisten ihre Reihen mit neuen Mitgliedern füllen.

* CVJM

LANDAUSFLUG

Am Sonntag um sieben Uhr früh treffen wir uns für eine Agitationsfahrt aufs Land. Zwei Lastwagen stehen schon bereit. Einer kostet uns 25 Mark pro Tag. Um die Kosten zu decken, steuert jeder von uns fünfzig Pfennig bei.

Wir wollen schon losfahren, als plötzlich mit lautem Getöse eine Polizeieinheit der »Schupo« anrückt.

»Alle runter vom Wagen!«

Wir werden durchsucht – nach Waffen! Sie tasten alle Burschen und Mädchen ab, grapschen in ihre Taschen, doch die Suche ist vergeblich. Lediglich bei einem Genossen finden sie ein Brotmesser. Dieses wird konfisziert, der Nachname des Genossen notiert. Endlich können wir uns auf den Weg machen. Unsere roten Fahnen wehen im Wind, die Motoren der Lastwagen brummen. Wir singen Lieder und brüllen Losungen auf Kommando. Wir lassen die Stadt weit hinter uns zurück. Die Sonne strahlt. Die frische Landluft ist angenehm. Laut erklingen die Lieder; und die Jungs reißen einen Witz nach dem anderen.

Endlich erreichen wir unser Ziel: Landsberg. Wir fahren durch die Straßen, laut proklamierend, dass am Nachmittag eine Versammlung auf dem Marktplatz stattfindet. Dann fahren wir noch weiter in die umliegenden Kleindörfer. Dort teilen wir uns in Gruppen von zwei, drei Leuten auf, um die dort stehenden Häuser zu »bearbeiten«. Wir verteilen Flugblätter, verkaufen Zeitungen, Zeitschriften, Broschüren. In jedem Haus versuchen wir, ein Gespräch anzuzetteln. Oft werden wir empfangen wie lang erwartete Gäste, genauso oft aber werden wir der Tür verwiesen oder es werden Hunde auf uns gehetzt usw. Auf dem Land ist der Einfluss der Faschisten noch recht groß, weil sie von den Gutsbesitzern protegiert werden. Diejenigen Landarbeiter, die sich nicht so verhalten, wie »es sich gehört«, werden entlassen und verlieren ihre Unterkunft, die zumeist zum Gutsbesitz gehört.

Anschließend kehren wir zurück nach Landsberg. Auf dem Marktplatz warten schon viele Menschen. Wir eröffnen die Versammlung mit einem Lied, danach folgt eine Deklamation. Unsere Agitpropgruppe hat eine nicht allzu lange Aufführung für die Landarbeiter vorbereitet. Wir senken die Seitenbügel des Lastwagens und die Bühne ist fertig. Die Vorstellung stößt auf großen Zuspruch. Zum Schluss tritt unser Sprecher mit einer kurzen Rede auf.

Wieder verteilen wir uns auf die Lastwagen. Wir kehren nach Berlin zurück – hungrig, voller Staub, müde, aber zufrieden: Alles in allem war es ein guter Tag.

Jungarbeiter!
herzum K...

AUF ZUR DEMONSTRATION!

Für den Samstagabend haben wir eine Demonstration durch Neukölln und dessen Nachbarschaftsbezirke organisiert.

Rote Jungfront, die Jugendgruppe des Roten Frontkämpferbundes, ist mit seinem Orchester bereits vor Ort. Es kommen noch Pioniere mit einer Trommlertruppe hinzu. Wir stellen uns in Viererreihen auf und machen uns in gemächlichem Schritt auf den Weg. Die Nachhut unserer Truppe bildet ein Wagen der bewaffneten »Schupo«. Noch sitzen die Polizisten regungslos wie Statuen drin, mit den Gewehren in ihrem Schoß.

Voller Kraft erklingen unsere Liedersalven: »Wir sind die allerersten!«

Auf großen Plätzen halten wir. Das Orchester spielt. Genossen treten mit Reden auf. Anschließend brechen wir wieder auf.

Wir marschieren bis nach Niederschöneweide. Dort ist die KJ-Organisation noch schwach ausgeprägt. Wir wollen helfen.

An der Spitze der Demonstration laufen die Mitglieder des Bezirkskomitees. Irgendein unangenehmer Typ läuft hinter der Kolonne her und versucht, uns zu fotografieren. Kaum hat er es jedoch geschafft, sein Objektiv auf uns zu richten, bäumt sich ein breiter Rücken vor seinem Fotoapparat auf und das Bild ist ruiniert. Drohende Blicke geben dem gescheiterten Fotografen zu verstehen, dass er besser abhauen sollte. Das macht er auch schnell. Allzu oft haben Spitzel Schläge von Arbeiterfäusten zu spüren bekommen und kennen ihre Währung nur zu gut.

Wir haben wie üblich einige Genossen angewiesen, auf dem Fußgängerweg mitzulaufen, ohne Verdacht aufkommen zu lassen, dass sie zu uns gehören, um nach Spionen und Provokateuren Ausschau zu halten, die uns womöglich auf den Fersen sind.

Endlich sind wir in Niederschöneweide angekommen. Die lokale Organisation erwartet uns bereits. Der Demonstrationszug bewegt sich weiter. Wir wissen, dass wir uns in einem Faschistennest befinden. Die Teilnehmer werden immer wieder gewarnt: »Haltet die Disziplin! Geht auf keine Provokation ein!«

Zunächst ist alles ruhig. Plötzlich ruft jemand aus den hinteren Reihen: »Faschisten!«

In der Tat kommt aus irgendeiner Kneipe eine Gruppe halbbesoffener Faschisten heraus. Eine Prügelei beginnt. Im Handumdrehen ist die Polizei zur Stelle. Zehn unserer Genossen werden verhaftet. Das ist ein ganz üblicher Vorgang! Wir müssen uns zurückhalten, andernfalls beginnt ein schrecklich blutiger Kampf. Die Polizei versucht, den Platz zu räumen. Ein Genosse wird von einem Krankenwagen weggebracht. Auf dem Asphalt bleibt eine Blutlache zurück. Die Demonstranten stehen um sie herum; alle sind auf der Stelle erstarrt. Jemand beginnt einen Trauermarsch zu singen:

O Stahlhelm, dir schwören wir Rache
Für vergossenes Arbeiterblut.
Es kommen die Zeiten der Rache,
Dann bezahlt ihr's mit eigenem Blut!

VERHAFTUNG

Das Polizeiauto fährt uns zur nächsten Wache. Nach der Identitätsfeststellung wird das Protokoll aufgesetzt. Die Polizisten versuchen, uns mit Tricks und Schlägen dazu zu bringen, uns zu verplappern und »Straftaten« zuzugeben, die uns nicht einmal in den Sinn gekommen wären. Während des Verhörs liegt auf dem Tisch ein Gummiknüppel.

Jetzt ist das Wichtigste, sich keine Angst einjagen zu lassen. Nach einer Reihe erfolgloser Versuche, aus uns ein »Geständnis« zu pressen, versteht der Kommissar endlich, dass die Verhafteten nicht reden werden. Mit Tritten führt man uns in eine Zelle ab. Bleibt nur noch auf die »Grüne Minna«, den Wagen für den Gefangenentransport, zu warten. Die »Grüne Minna« fährt uns ins Polizeipräsidium am Alexanderplatz. Alex*, so nennt man bei uns das Polizeipräsidium, ist ein düsteres Gebäude. Es dient als Sitz der Sicherheitspolizei und anderer netter Einrichtungen. Die »Grüne Minna« rollt lärmend beim »Alex« an. Sofort, wie automatisch, öffnen sich die hohen Eisentore und fallen sogleich wieder zu. Wir werden durch einen langen Flur nach dem anderen zum Kommissar der politischen Abteilung geführt.

* Rote Burg

Mit besonderer Sorgfalt bemüht sich dieser, die Namen der aktiven Arbeiter der Kommunistischen Jugend und der Partei herauszufinden. Mit der üblichen Masche legt er dar: »Andere Gefangene hätten an Eurer Stelle längst gestanden; und nur ein ehrliches Geständnis kann Eure Lage verbessern.« Und so weiter und so fort.

Aber all seine Bemühungen sind vergebens. Wir wissen, dass angesichts der Klassenjustiz Schweigen Gold ist.

Spät abends bringt man uns wieder in eine Zelle. Fünf Schritte lang und drei breit. Ein vergittertes Fenster, Holzpritschen und ein kleiner Stuhl – das ist die gesamte Ausstattung. Ein Krug mit Wasser vervollständigt das malerische Bild. In der Tür befindet sich ein Spion, eine Öffnung, um die Gefangenen im Auge zu behalten. Aus der Ferne hallt der Großstadtlärm. Dort draußen sind Freunde, Genossen; du jedoch bist in den Fängen des Feindes geblieben. Entschlossenheit wächst in deinem Herzen.

»Macht nichts, sollen sie machen, was sie wollen!«

Unendlich lang zieht sich die Zeit. Im Gefängnis ist eine Stunde sehr viel länger als sechzig Minuten!

Am nächsten Tag wieder ein Verhör. Fingerabdrücke werden abgenommen. Fotoaufnahmen werden gemacht – in sämtlichen Posen. Kurz gesagt, es wird alles getan, was man bei Schwerverbrechern so zu erledigen hat.

Nach einigen Tagen kommt man vors Gericht. Das

Urteil steht vorher schon fest. Wir werden in ein großes Gefängnis verlegt – Moabit. Wieder die »Grüne Minna«, lange Flure und unzählige Türen. In der Zelle steht ein kleiner Tisch. Die Pritschen können hochgeklappt werden. Der Bibelspruch an der Wand ist sehr ermutigend: »Was du säst, das wirst du auch ernten!«

GEFÄNGNIS

Zum eintönigen Gefängnisalltag gehört ein halbstündiger Spaziergang auf dem Hof. Im Abstand von drei Metern gehen die Gefangenen im Kreis. Gründlich betrachtest du die Gesichter der Häftlinge, es könnte ein bekanntes darunter sein.

Eines Tages wird verkündet: »Sie haben zwei Briefe erhalten, sie wurden jedoch konfisziert!«

Es wäre schon schön gewesen, den Inhalt zu erfahren, aber es lässt sich nicht ändern. Auf jeden Fall ist es ein Zeichen dafür, dass die Genossen in der Freiheit dich nicht vergessen haben. Nach einigen Wochen wird endlich der erste Besuch erlaubt. Es kommt ein Vertreter der Internationalen Roten Hilfe. Er bringt etwas zu essen mit und erzählt von den Bemühungen der Genossen, eine Haftaufhebung zu erreichen. Am meisten freust du dich über die Solidarität. In solchen Momenten erscheint sogar die Zellenkammer in einem anderen Licht.

Alle zwei Wochen ist es erlaubt, ein Päckchen zu bekommen, darunter auch einige Bücher. Im Alltag in Freiheit findet sich eher selten Zeit für das intensive Studium. Doch hier im Gefängnis lässt sich das Versäumte nachholen. Für uns alle ist das Gefängnis eine Hochschule für Kommunismus. Fleißig lernst du das

Morsealphabet. Und endlich – was für eine Freude! – ist es möglich, mit den Nachbarn zu »reden«.

Manchmal bekommen wir außerordentlich interessanten Besuch. Eine ältere Frau kommt in die Zelle und nach den ersten andächtigen Sätzen wird klar, dass sie von irgendeiner katholischen Jugendschutzorganisation geschickt worden ist. Sie will unbedingt über Gott und seine grenzenlose Barmherzigkeit sprechen. Ich frage sie, warum ihr Gott Ungerechtigkeit duldet und wie er es hinnehmen kann, dass Kommunisten lediglich aufgrund ihrer Überzeugungen inhaftiert werden. Mit süßem Lächeln auf den Lippen rät sie mir, mich nicht um meine eigene unbedeutende Person zu kümmern.

Sie versucht, eine Predigt zu halten, doch ich lache sie nur aus. Plötzlich steht sie auf und erklärt: »Ach, Sie haben genau denselben dreisten Gesichtsausdruck wie alle Kommunisten!« Ich bedanke mich für das Kompliment, und sie rauscht davon.

Den schönsten Moment aller Hafterlebnisse bereitet die Demonstration vor dem Gefängnis. Schon von Weitem sind das Orchester und die Kampflieder zu vernehmen. Jetzt sind auch die Rufe deutlich zu hören: »Lasst die politischen Gefangenen frei!« »Wir fordern Amnestie!«

Ich bin wie angewachsen am Fensterrahmen, möchte höher klettern, um besser hören zu können, was die Genossen ausrufen und singen. Meine Augen leuchten vor

Stolz! Die Genossen haben dich nicht vergessen, sie setzen sich weiter für dich ein.

Die Musik entfernt sich. Immer leiser klingen die Bläser und verstummen schließlich ganz.

Wochen, Monate ziehen vorüber bis zum Gerichtstag. Endlich wird das Urteil gefällt. Eines jener Urteile, durch die jedes Jahr Tausende von Arbeitern für Jahre in die Gefängnisse der Bourgeoisie gesperrt werden.

»ROTE RAKETEN«

Währenddessen läuft die Arbeit weiter. Im größten Saal Neuköllns wird ein KJ-Treffen einberufen. Die Agitationskampagnen vorweg zahlen sich aus – es wurden viele Eintrittskarten verkauft. Alles spricht dafür, dass die Veranstaltung gut besucht sein wird. Unser Agitprop rennt herum wie ein Besessener, es ist sein Kampftag. Überall sind Ordner mit roten Armbinden postiert; und an einem eigens dafür eingerichteten Tisch bereiten sich die Genossen darauf vor, neue Mitglieder für die KJ anzuwerben.

Die Wände sind mit Transparenten und Fahnen dekoriert. Um halb acht ist der Saal beinahe voll. Um acht Uhr verbietet die Polizei weiteren Zutritt – der Saal platzt bald aus allen Nähten. Der Bezirksschatzmeister hat leuchtende Augen. In seinen Träumen sieht er bezahlte Druckereirechnungen, er wähnt sich – allerdings nicht für sehr lange – auf einer soliden finanziellen Basis.

Das Orchester eröffnet das Treffen. Es folgen kollektive Sprechchöre. Aber alle warten auf den Höhepunkt des Abends – den Auftritt der »Roten Raketen«, unserer Agitprop-Truppe. Endlich erscheinen sie auf der Bühne und singen das »Lied der Raketen«:

Rote Raketen erhellen die Nacht
rote Soldaten stehn auf der Wacht
Arbeiter, Bauern der Sowjetunion
schützen die Revolution!

Die Genossen sind keine Artisten und wollen auch keine sein. Ihr einziges Ziel ist die Agitation. Lieder, Tänze und das Schauspiel dienen lediglich dazu, den Arbeitern zu erklären, wer ihre Freunde und wer ihre Feinde sind.

Die Vorführung beginnt. Als erste Nummer läuft eine Satire auf die Sozialistische Arbeiterjugend. Entsprechende Kostüme wurden übergezogen: lange Zöpfe befestigt, kurze Kleider und Ballettschuhe angezogen.

»Ach, weißt Du! ...« Es erklingt der Ton einer Flöte. »Letztes Jahr haben wir einen Ausflug in den Harz gemacht. Nachts, als wir durch den dunklen Wald liefen, fiel das Mondlicht auf die Erde. Unsere Herzen klopften, wenn junge Rehe aus dem Walddickicht hervorsprangen. Unsere Seelen wurden stark und schön, und wir waren bereit, den Sozialismus wahrzunehmen! Lasst uns eine Weile tanzen! Tanzen! Wie schön blüht der Mai!«

Das Publikum kringelt sich vor Lachen. Die Genossen haben eine gelungene Karikatur der SAJ abgegeben.

Die nächste Nummer ist »Das Wunderpferd«. Zwei Genossen stellen auf allen Vieren ein Pferd dar, wobei sie vorne mit einem schwarz-weiß-roten und hinten mit einem schwarz-rot-gelben Stoff abgedeckt sind. Auf diese Weise veranschaulichen sie die gesamte deutsche Republik. Die Dressur beginnt. Zu faschistischen Klängen läuft das Pferd munter im Kreis, bis es über eine Barriere springen muss – den zehnstündigen Arbeitstag. Das Pferd weicht erst lange davor zurück, springt dann aber doch drüber. Plötzlich fliegt ein rotes Tuch hoch, das Pferd erschrickt; es erklingt die »Internationale«, und das Tier fällt zu Boden.

Die begeisterte Reaktion des Publikums erzwingt eine Wiederholung der Szene. Es folgen vier bis fünf weitere Nummern, allesamt bösartig und durchtränkt von scharfer politischer Satire. Im Anschluss tritt ein Redner auf. Danach kommen die »Roten Trommler«, die Agitprop-Truppe der Jungpioniere, auf die Bühne. Sie fesseln das Publikum mit ihrem lockeren und unbeschwerten Spiel. Das beste Lied ihres Programms ist das »Fliegerlied«. Den Kehrreim des Liedes singen alle im Saal. Zum Schluss stellen sich die Jungpioniere in einer Reihe auf und breiten die an ihren Armen befestigten Pappflügel aus. Auf jedem Flügel ist ein Buchstabe zu sehen. Zusammen ergeben sie einen Spruch, den alle Zuschauer laut wiederholen: »Schützt die Sowjetunion!« Wieder großer Applaus.

Auf der Bühne erscheint der Conférencier. »Hört mal«, wendet er sich an die Zuschauer, »wir arbeiten hier den ganzen Abend, jetzt seid Ihr dran! Der Teil des Publikums, der in dieser Ecke sitzt, ruft gleich: ›Nie-‹, diejenigen in der anderen Ecke: ›-der‹, in der nächsten: ›mit‹, die auf dieser Seite sollen rufen: ›Hin-‹, die auf der rechten: ›-den-‹ und zum Schluss die in der hintersten Ecke: ›-burg‹. Und jetzt Achtung! Auf eins, zwei, drei!«

Und alle Zuschauer rufen aus verschiedensten Ecken laut: »Nie-der mit Hin-den-burg!«

Danach singen alle gemeinsam die »Internationale«, und der Abend geht zu Ende.

DER INTERNATIONALE JUGENDTAG

Auf der ganzen Welt marschiert die Arbeiterjugend unter der Fahne der KJI* am Tage des internationalen proletarischen Jugendfests. Welcher Jungkommunist könnte sich auch von solch einer Feier fernhalten?

Um zwölf Uhr ist die Versammlung zur Demonstration. Nach einem Pfiff wird ein Kommando ausgerufen: »Stellt Euch in Viererreihe auf und nach rechts!«

Eine Einheit setzt sich in Bewegung. Wir sind 300 Jungkommunisten, 300 junge Rotfrontler, 100 Jungpioniere und 100 Sportler der Partei. Fast alle sind gekommen.

Vorn laufen die Fahnenträger. Plakate und Transparente verleihen der Demonstration eine besondere Prägung.

Wir laufen auf einen zentralen Sammelpunkt zu. Alle Bezirksorganisationen kommen da zusammen, um gemeinsam auf die Demonstration im Weddinger Schillerpark zu ziehen. Dorthin ist es eine beachtliche Strecke. Endlich haben wir den Bülowplatz erreicht. Die Vertreter vieler Stadtteile sind bereits dort. Rechts von uns haben sich die Weddinger Genossen aufgestellt. Zum Zeichen ihres Protestes gegen die Vorbereitungen des imperialistischen Krieges demonstrieren sie mit einem Flugzeugmodell, das den Namen »Genfer Friedenstaube«

* Kommunistische Jugendinternationale

trägt. Zudem hat sich ein fünfter Bezirk neben uns aufgestellt – dieser hat ein Modell eines Panzerkreuzers dabei.

Hin und her rennen die Mitglieder des Berliner Bezirksausschusses. Sie geben die letzten Anweisungen. Ein Pfiff und der Festzug macht sich auf den Weg. Wir laufen in Viererkolonnen. Die Kolonnen verlaufen in gerader Linie und verteilen sich über eine große Strecke. Vor uns ein wunderschönes Panorama.

Kampflieder singend laufen wir durch den Wedding. An den Fenstern hängen rote Fahnen. In den Straßen sind Transparente befestigt. Auf den Bürgersteigen versammeln sich Arbeiter und jubeln uns zu.

Unsere Kolonnen betreten den Schillerpark. Darin haben 10.000 Menschen Platz. Ganz vorne sieht man eine offene Tribüne. Die Stadtverwaltung hat uns erst nach einem langen Kampf den Platz überlassen.

Auf der Tribüne sind riesengroße Gesichtskonturen von Liebknecht abgebildet. Die Zeichnung ist in schwarzer Farbe ausgeführt; darunter steht in blutroter Farbe: »RACHE!«

Fahnenträger verlassen die Reihen und postieren sich vor dem Bildnis von Liebknecht. Die Reden beginnen. Ein Mikrophon trägt sie durch den ganzen Park. Plötzlich geht ein Raunen durch die Reihen: »Ein Russe ist hier. Er wird auftreten.«

Alle sind hochgespannt. Tatsächlich tritt ein Vertreter

der sowjetischen Arbeiterjugend auf. Wir verstehen kein Wort, aber er ist ein Arbeiter, das sieht man an seinem Gesicht, an seinem Auftreten – und deswegen brauchen wir keine Übersetzung. Wir spüren, was er uns sagen will. Plötzlich sagt er langsam und stockend auf Deutsch: »Es lebe der Kommunistische Jugendverband Deutschland!«

Diese Worte begeistern uns, obwohl sie etwas seltsam klingen. Sie sind der Gruß der freien sowjetischen Arbeiterjugend. Die Augen unserer Genossen strahlen. In allen Gesichtern kann man nur einen Gedanken lesen: »Junge Arbeiter und Bauern der Sowjetunion, Ihr seid unsere besten Freunde, wir sind an Eurer Seite, komme, was wolle!«

OHNE REVOLUTIONSTHEORIE KEINE REVOLUTIONSPRAXIS

Ein junger Arbeiter, der in unsere Reihen aufgenommen wird, lässt sich zumeist nur von einem Klasseninstinkt leiten und hat eine eher unklare Vorstellung von den konkreten Zielen und Aufgaben eines Kommunisten.

Aus diesem Grund haben wir ein System zur politischen Ausbildung der Neulinge ausgearbeitet. Wir organisieren Kurse nach den Schulferien oder während der Anwerbekampagne. Einmal pro Woche treffen sich zwanzig bis dreißig Genossen und bearbeiten gemeinsam die Grundfragen der kommunistischen Bewegung.

Diese Kurse mussten allerdings bald durch andere, lebendigere Formen der politischen Aufklärung ersetzt werden. Die Sache ist die, dass viele der Genossen nach dem langen Arbeitstag zu müde sind, um bei den Abendveranstaltungen noch viel Theoretisches zu erfassen und zu begreifen. Dies hat uns veranlasst, andere Methoden zu entwickeln.

Es ist Sonnabend. Um drei Uhr schließen die Fabriken. Man eilt heim, schlingt schnell das Mittagessen herunter, packt Stullen ein, einen Badeanzug, Stifte, Papier und rennt aus dem Haus.

Um fünf Uhr versammeln wir uns am Bahnhof

Neukölln. Schon von Weitem sieht man die Zellenfahne. Fast alle sind schon da. Lachend werden die Verspäteten begrüßt. Schnell sammeln wir das Geld ein und eilen zum Zug. Bald haben wir die staubige Hauptstadt hinter uns gelassen.

Es wird gesungen. Alle sind froh fortzufahren, wenigstens für 24 Stunden weit weg von der Fabrik und dem Förderband zu sein. Mit Liedern und Gesprächen vergeht die Zeit schnell. Wir verbergen nicht, dass wir Kommunisten sind. Im Gegenteil – auch die Bahnfahrt versuchen wir für unsere Agitation zu nutzen.

Nach einer einstündigen Fahrt und einem kurzen Spaziergang erreichen wir unser Ziel: die Jugendherberge in Brieselang. Um den deutschen Jugendlichen Erholung zu ermöglichen, wurde der Verein Deutsches Jugendherbergswerk gegründet, der eine Reihe von Jugendunterkünften betreut. In den meisten Fällen handelt es sich dabei um einfache Unterkünfte mit Klappbetten und einigen Räumen für Seminare und Versammlungen. Bis vor Kurzem konnten auch wir diese Herbergen noch zur Erholung und zu Schulungszwecken nutzen – trotz aller Bemühungen, uns daran zu hindern.

Als allererstes wird sich um das Abendessen gekümmert. Jeder bekommt ein Glas Milch und isst dazu seine selbstgeschmierten Stullen.

Punkt sieben Uhr ertönt eine Pfeife zum Schulungsbeginn. Der Samstagabend ist gewöhnlich der praktischen

Arbeit vorbehalten. Dieses Mal haben sich die vierzig Kursteilnehmer in drei Gruppen aufgeteilt, die jeweils eine andere Aufgabe zugeteilt bekommen. Einer Gruppe wurde aufgetragen, ein Programm für die nächste Versammlung auszuarbeiten, einer anderen, Material für die nächste Ausgabe der Wandzeitung »Roter Jungschuster« der Betriebszelle »Reh & Praedel« vorzubereiten. Die dritte Gruppe soll Thesen für einen Vortrag über die Neuwahl des Betriebsrates herausarbeiten.

Von acht bis zehn Uhr arbeiten die Gruppen. Im Anschluss machen wir uns in ausgelassener Stimmung Richtung See auf. Und um elf Uhr ruft die unbarmherzige Pfeife alle zum Schlafengehen.

Am nächsten Tag stehen wir um sieben Uhr früh auf. Nach der Morgenwäsche folgt der Frühsport: Laufen und freies Turnen. Tief atmen wir die herrliche Waldluft ein. Alle genießen es sich zu dehnen. Daraufhin stürzen wir uns mit Bärenhunger aufs Frühstück. Einige Leute werden zum Bahnhof abkommandiert, um dort einen Lehrbeauftragten der Partei abzuholen.

Um neun Uhr beginnt der Unterricht. Wir besprechen die Frage des sozialistischen Aufbaus in der Sowjetunion. Es werden Nachfragen gestellt, oft entsteht eine Diskussion, in die der Vortragende möglichst alle Genossen einzubinden versucht. Um elf Uhr machen wir eine kurze Pause, danach erfolgt nochmal Unterricht bis eins oder halb zwei. Zum Schluss erhält jeder eine Frage, die er vor dem nächsten Unterrichtskurs in zwei Wochen schriftlich beantworten soll.

Nach dem Mittagessen gehen wir alle zum See, braten uns in der Sonne, gehen schwimmen, spielen Ball usw. Alle sind glücklich, sich ein wenig vergnügen zu können.

Der Tag endet mit einer herrlichen Wanderung durch den dichten Wald. Wir spüren, wie verbunden wir einander geworden sind; der alltägliche Kampf, das gemeinsame Lernen – das alles hat uns zusammengeschweißt.

Abends kehren wir in die Stadt zurück. Nun sind wir wieder am Bahnhof Neukölln. Wir verabschieden uns mit einem dreifachen »Moskau lebe hoch!«.

Die Wochenendkurse dienen nicht nur zur Grundwissenschulung unserer neuen Mitglieder. Auf gleiche Weise führen wir auch unsere Funktionärsschulungen durch. So wurde für unsere aktiven Gewerkschaftsmitglieder eine berlinweite Schulung organisiert, in der Fragen des Jugendarbeitsschutzes, der Streiktaktik usw. behandelt wurden. Auch die Agitprop-Funktionäre und die Funktionäre des Org-Büros und der Abteilung »Gegner« nutzen diese Kurse, um sich über ihre Erfahrungen aus der praktischen Arbeit und den Kampf auszutauschen. Es versteht sich jedoch von selbst, dass diese Wochenendkurse kaum ausreichend sind. Deswegen organisieren wir für unsere Genossen zusätzlich ein- und zweiwöchige Schulungen, deren Ziel ein gründliches Studium des Leninismus und der Geschichte der Arbeiterbewegung ist.

FUNKTIONÄRSSCHULUNGEN

Für die leitenden Kader des Bezirks Berlin wurde eine achttägige Schulung durchgeführt, auf der folgende Grundsatzfragen diskutiert wurden: Historischer Materialismus, Strategie und Taktik der Arbeiterbewegung, Parteigeschichte und Struktur der Region Berlin-Brandenburg (praktische Aufgabe). Die Vorträge, die die Kursteilnehmer im Plenum anhörten, wurden anschließend in Kleingruppen ausführlich erörtert. Die Abende wurden entweder zum Lesen oder für schriftliche Arbeiten genutzt.

Um acht Tage von der Arbeit wegbleiben zu können, mussten unsere Genossen entweder Urlaub nehmen, sofern sie diesen überhaupt bekamen, oder eine Krankheit vortäuschen.

Die freie Zeit füllten die Kursleiter mit Spielen und Sport, damit die Kursteilnehmer sich auch etwas erholen konnten. Ballspiele, Kampfübungen, Rudern ließen die Zeit wie im Flug vergehen.

Jeder Tag brachte eine Menge lustiger Vorfälle. Die für die Dauer des Kurses beauftragte Zeitungsredaktion »ordnete« sie sogleich unter sensationellen Schlagzeilen »ein«. Am Ende des Kurses hatte die Zeitung genug Material für Stanzen, Schattenspiele und lustige Gedichte angesammelt, die ins Programm der Abschlussfeier flossen.

Der letzte Unterrichtstag wurde den Ergebnissen der Schulung sowie der Erörterung der Frage nach weiteren Fortbildungen der Kursteilnehmer gewidmet. Außerdem wurde beschlossen, dass die Zeitung dem Moskauer Exekutivkomitee des WLKSM*, unserer Leitung, geschickt wird.

* Leninscher Kommunistischer Allunions-Jugendverband

VERBANDSSCHULUNG

Einmal im Jahr findet in Berlin eine vierwöchige Verbandsschulung statt, wofür alle regionalen Organisationen des KJVD eine bestimmte Anzahl von Plätzen bekommen. Einen Monat lang arbeiten die besten Genossen des deutschen Verbandes zusammen, um Werkzeuge für ihre tägliche Arbeit zu schmieden. Unserem Berliner Bezirk stehen vier Plätze zu.

Bei der Verbandsschulung gilt der Achtstundentag. Vorträge, Bearbeitung von einzelnen Fragen in Seminaren und Leseabende ergänzen einander. Auf die größten Schwierigkeiten stoßen wir bei den Lektionen zur ökonomischen Lehre von Marx. Die ganze Zeit flackern alle möglichen Begriffe vor den Augen auf, und wir stürzen uns darauf wie hungrige Tiere. Schließlich sind sie für unsere alltägliche Arbeit von höchstem Belang.

Eine Reihe eifrigerer Genossen beschäftigt sich damit auch in den Freistunden. Wir nennen sie aus Spaß »Union der orthodoxen Marxisten«.

Doch in der Schulung werden nicht nur theoretische Kenntnisse vermittelt. Vier Wochen des Zusammenlebens führen uns vor allem auch in den Kollektivismus ein. Nie gab es irgendwelche Streitigkeiten, obwohl wir häufig den Gürtel enger schnallen mussten, da die Schulung mit wenig Mitteln ausgestattet war.

Wenn man davon absieht, hat die gute Laune uns nie verlassen. Dieser Monat hat nicht nur unser Wissen vertieft, sondern uns auch zusammengeschweißt.

BETRIEBSZELLEN

Die Bildung kommunistischer Zellen in den Fabriken ist nicht einfach und fordert nicht selten große Opfer. Ständige Entlassungen unserer aktiven Genossen hindern uns daran, diese Arbeit ordentlich zu machen, und zwingen uns, immer wieder neu anzufangen. Aber diese Hindernisse werden uns nicht aufhalten. Wir sind der festen Überzeugung, dass die Jugend aus den Großbetrieben den wichtigsten Flügel der proletarischen Jugend darstellt, und wir konzentrieren unsere größte Aufmerksamkeit darauf, sie zu organisieren.

Unser Bezirk stand vor der Aufgabe, in der Fabrik »Butzke u. Co.« Betriebszellen einzurichten. In diesem Unternehmen sind 1.600 Arbeiter und 94 Lehrlinge beschäftigt. Ein Genosse aus einem Sportverein, dem wir vertrauten, hatte versprochen uns zu helfen, in die Fabrik reinzukommen.

Über das Büro der Jugendabteilung des Deutschen Gewerkschaftsbundes beriefen wir vollkommen legal eine Versammlung der Jugend in der Butzke-Fabrik ein. Das gelang uns allerdings nur, weil in der Gewerkschaft ein Genosse von uns arbeitete.

Es ist fünf Uhr. Der Arbeitstag ist zu Ende: neun Stunden harter Arbeit im Akkord am Förderband. Im

Hinterzimmer des nächsten Wirtshauses wird die Versammlung eröffnet. Fünfzig junge Leute nehmen teil. Auf dem Tagesplan steht ein Vortrag: »Rechte und Arbeitsschutz der Jugend«. Nach dem Vortrag treten junge Arbeiter auf und erzählen von der Ausbeutung der Lehrlinge in ihrer Fabrik. Die meisten der Anwesenden halten jedoch dicht; sie wagen es nicht auszusagen, weil sie Angst haben, dass sich unter ihnen Spitzel von Herrn Butzke befinden. Und wenn die Verwaltung von ihren Aussagen erfährt, werden sie aus der Fabrik geworfen und wohl auch noch auf die Schwarze Liste gesetzt!

Das Wort ergreift einer von der SAJ. Er bezeichnet die Kommunisten als Agenten Moskaus, die sich um alles Mögliche sorgten, nur nicht um die Interessen der Arbeiter. »Wir Arbeiter«, ruft er, »müssen alles opfern, um als einiges Volk die eigene Republik aufzubauen ...«

»Wofür?«, schreit jemand im Saal. »Dafür, dass unser Direktor jeden Winter nach Nizza fahren kann und jeden Sommer an die Nordsee?«

Das zustimmende Lachen der Anwesenden zeigt, welche Meinung sie teilen. Am Ende der Versammlung wird ein Jugendvertreter des Betriebs gewählt, es ist unser Genosse aus dem Sportverein.

Als wir schon nach Hause gehen wollen, kommt ein junger Genosse auf uns zu und zeigt das Mitgliedsbuch des KJVD. Er arbeitet in der Fabrik, aber gehört einer

Ortszelle an. Auch das kann ein Hindernis für unsere Betriebsarbeit sein!

Wir beschließen, die Vortragsdebatte und einige Berichte der beiden Genossen für die Herausgabe der ersten Fabrikzeitung zu verwenden.

BETRIEBSZEITUNG

Karls Eltern sind Parteimitglieder. Bei ihnen zu Hause kann man in Ruhe an einer Zeitungsausgabe arbeiten. Wir sind zu dritt. Ich soll die Artikel bearbeiten; Karl zeichnet den Kopf der Titelseite; Franz schreibt ein ironisches Gedicht über den Meister Lehmann, der früher anscheinend ein Unteroffizier gewesen ist und deshalb wohl mit den Lehrlingen in der Sprache der Ohrfeigen, Nackenschläge und Tritte redet.

Die Artikel werden mit Hektographentinte geschrieben, da wir viele Exemplare drucken wollen. Die Arbeit an der Zeitung nimmt zwei Abende in Beschlag. Endlich sind alle 200 Exemplare fertig.

Hier sind ein paar Artikelauszüge:

»Lehrlinge bekommen im ersten Lehrjahr 1,6 Mark statt 4,8. Obwohl vertraglich zwölf Tage Urlaub vorgesehen sind, bekommen sie gar keinen Urlaub. Im zweiten Lehrjahr gibt es statt des neuntägigen Urlaubs nur einen dreitägigen ...«

»... Die Unterrichtszeit wird nicht bezahlt. Die sanitären Bedingungen sind erbärmlich, genauso wie die Bezahlung.

Die Garderobenschränke können nicht abgeschlossen

werden, weshalb es nicht selten zu Diebstählen kommt. Die Verwaltung versucht, die Bestohlenen als Lügner vorzuführen, um das Gestohlene nicht ersetzen zu müssen ...«

»... Ein schönes Exemplar seiner Art ist unser Betriebsrat! Natürlich steht er Wache für die ›Sozialdemokratie – die Befreierin des Volkes‹. Er betont, dass er nichts ausrichten kann, da die ›Arbeiter sich nicht an ihn wenden‹!«

Am nächsten Morgen geht Karl früher als gewöhnlich in den Betrieb. Allmählich versammeln sich die Arbeiter.

»Schau mal, was ich in der Schublade des Garderobenschranks gefunden habe«, sagt jemand auf dem Flur.

»Ja, auch ich habe das gefunden!«, sagt ein anderer.

Alle halten unsere Zeitung in der Hand und lesen sie.

Und schon werden alle Motoren eingeschaltet, die Räder drehen sich, Metallspäne fliegen los.

In aller Ruhe begibt sich der Meister zu seinem Platz. Plötzlich zieht er eine Grimasse. Er hat die Zeitung entdeckt. »Mit euch Gaunern werde ich schon fertig!«, knurrt er und läuft schimpfend zur Direktion.

Karl arbeitet ganz ruhig weiter. Er weiß, sobald der Meister ihn nur irgendwie verdächtigt, wird er aus der Fabrik geschmissen und in die Liste eingetragen.

ZELLENVERSAMMLUNG

Schon bald hat die Betriebszelle sechs Mitglieder. Einmal pro Woche wird eine Zellenversammlung einberufen. Diese findet entweder in Karls Wohnung oder in der nächstgelegenen Kneipe statt. Neben politischen Fragen werden aktuelle Betriebsangelegenheiten diskutiert. Jeder erhält eine eigenverantwortliche Aufgabe:

»Du sprichst mit Peter. Vielleicht kommt auch er zu uns!«, wird einer Person anvertraut.

Franz bekommt den Auftrag, den »Kollegen« Janka im Auge zu behalten. Er wird verdächtigt, hinter den Kommunisten her zu spionieren.

Am Sonnabend fahren die Zellenmitglieder zu einem der Wochenendkurse. Das Bezirkskomitee hat uns einen Referenten zum Thema »Streikstrategien« gesandt. Der Tarifvertrag läuft bald aus, und wir haben keine Ahnung, was uns dann bevorsteht. Die Genossen müssen sich dementsprechend gut vorbereiten.

STREIK

Der Tarifvertrag ist ausgelaufen. Die erwachsenen Arbeiter haben ihre Forderungen vorgelegt. Die Jugendlichen haben folgende Punkte formuliert:

Verkürzung der Lehrzeit von vier auf drei Jahre.

Verbot von Überstunden und Akkordarbeit für Minderjährige unter 18 Jahren; ebenso Verbot von Arbeit am Fließband.

Urlaubsgewährung von drei Wochen für Minderjährige unter 18 Jahren.

Nach der Ausbildungszeit darf der Unternehmer den jungen Arbeiter nicht sofort entlassen, zumindest nicht vor Ablauf von sechs Monaten.

Bezahlung der Unterrichtszeit in der Berufsschule.

Die Entlohnung der Lehrlinge soll prozentual nach dem Lohn der erwachsenen Arbeitnehmer festgelegt werden, und zwar: im ersten Lehrjahr 12 %, im zweiten 40 %, im dritten 60 %.

Das Schlichtungsverfahren der Gewerkschaftsbürokraten der Berliner Metallarbeitergewerkschaft hatte die Arbeitskämpfe in fast allen Betrieben zum Erliegen gebracht. Doch bei Butzke u. Co. streikten mehr als tausend Menschen.

Die sozialdemokratischen Gewerkschaftsführer hatten zum Streik aufgerufen und gleichzeitig auf eine Einigung durch einen staatlichen Schlichter, ebenfalls ein Sozialdemokrat, gedrängt, um den Streik innerhalb weniger Tage zu beenden.

94 Lehrlinge sind nicht zur Arbeit erschienen, obwohl es in den Ausbildungsverträgen einen Paragrafen gibt, der die Streikteilnahme untersagt. Im Falle eines Verstoßes gegen diese Klausel kann der Fabrikbesitzer den Vertrag auflösen. Unsere Genossen riefen die Parole aus: »Kein Jugendlicher erscheint zur Arbeit!« Am Sonnabend wurde eine Versammlung eigens zur Erörterung der Lage abgehalten. Am Montag drohte der Fabrikbesitzer den Lehrlingen damit, den Vertrag aufzulösen. So gelang es ihm, zwanzig Lehrlinge einzuschüchtern, die zurück an die Maschinen gingen.

Wir beriefen zwei weitere Versammlungen: morgens für die streikenden Lehrlinge und abends für die zwanzig Streikbrecher. Von den zwanzig Lehrlingen kamen lediglich zwölf. Auf dieser Versammlung wurde betont, dass im Kampf ein maximaler Zusammenhalt erforderlich ist.

Am Dienstag sah die Lage folgendermaßen aus: Der Fabrikbesitzer hatte die Polizei gerufen und schickte die Meister unter ihrem Schutz los, Einzelgespräche mit den Lehrlingen zu führen, mit dem Ergebnis, dass 40 % der Lehrlinge an die Arbeit zurückkehrten. Nachdem wir diese Tatsache im Büro besprochen hatten, beschlossen wir, auch die übrigen Lehrlinge an die Arbeit zurückzuschicken.

Einige Tage später wurde die Lage im Betrieb endgültig klar. Der Schlichter hatte sich entschieden, die Forderungen der Arbeiter abzulehnen.

Die Stimmung unter den Arbeitern war mies. »Warum kämpfen wir? Die Gewerkschaftsbonzen stehen nicht auf unserer Seite, sondern auf der der Fabrikbesitzer. Wir sollten aufhören!«

Zugleich gab es auch andere Stimmen: »Lasst euch das eine Lehre sein. Wir müssen gegen die Gewerkschaftsbonzen kämpfen! Lasst uns den Streik trotz des Schiedsspruchs fortführen. Wir gründen eigene Kampfkomitees! Gebt der linken Opposition bei den nächsten Gewerkschaftswahlen Eure Stimme!«

Der Betrieb hat einige junge Leute entlassen, unter ihnen Karl, unseren aktivsten Genossen. Doch während des Arbeiterkampfes sind neue Kämpfer entstanden. Mit ihnen zusammen arbeiten wir beherzt weiter!

BERUFSSCHULE

Nach deutschem Gesetz müssen alle jugendlichen Arbeiter unter 18 Jahren die Berufsschule besuchen. In diese Schule gehen sie zwei- bis dreimal die Woche nach dem Arbeitstag, der zumeist mehr als acht Stunden dauert. Lernen kann man unter diesen Umständen kaum etwas. Aber das ist auch gar nicht von Belang für die Bourgeoisie: Diese ist nur daran interessiert, dass die Jugend nicht ideologisch ausgebildet wird. Der Unterricht über Gottes Gesetz, über die Geschichte usw. soll zur Erziehung »guter Bürger« beitragen, die sich stillschweigend ausbeuten lassen.

Die geringsten Vergehen werden von den Lehrern mit Prügel, Nachsitzen und Geldstrafen geahndet. So lassen sie fast täglich Schüler für Unaufmerksamkeit mehrere Stunden nachsitzen oder eine Geldstrafe zahlen, die von ihrem kargen Lohn abgezogen wird. Die Lehrer verteilen zahlreiche Prügel und Ohrfeigen; ganz so, wie es in der Bibel steht: »Wen der Herr liebt, den straft er.«

Immer häufiger tauchen in den Zeitungen Meldungen darüber auf, dass Lehrlinge, die bis zur Verzweiflung im Betrieb und in der Schule drangsaliert wurden, Selbstmord begehen.

Durch diese »Kulturschmiede« – die Berufsschule –

gehen allein in Berlin jedes Jahr über 100.000 jugendliche Arbeiter und Arbeiterinnen. Verständlicherweise setzt die KJ ihre Arbeit an diesen Schulen an, um möglichst viele Jugendliche zu erreichen.

Aufgrund irgendeines alten Paragraphen haben die Schüler an den Berufsschulen das Recht, eine Schülervertretung zu wählen. Doch die Schulverwaltung und die Lehrer verhindern dies, soweit es geht. Unser Verband hat sich zur Aufgabe gemacht, in allen Klassen Schülervertretungen zu schaffen, die sich um die Rechte der Schüler kümmern. Inzwischen gibt es bereits in den meisten Berliner Schulen Schülerzeitungen, die ähnlich wie die Betriebszeitungen über alle Widrigkeiten des Schullalltags berichten und die sich besonders hervortuende Lehrer an den Pranger stellen. Kampffeiertage wie zum Beispiel der 1. Mai werden unter dem Motto »Am 1. Mai haben die Schüler frei« durchgeführt. Im Rahmen dieser Feiertage werden besondere Schülerkonferenzen einberufen.

Häufig ruft die Schulverwaltung, um die Verbreitung von Flugblättern zu verhindern, die Polizei, die daraufhin sämtliche Schüler verhaftet. Allerdings führen solche Aktionen meistens dazu, dass Schüler zum Protest aufrufen, und Drangsalierungen öffnen sogar denjenigen die Augen, die abseits unserer Bewegung stehen.

Der Kommunistische Jugendverband Deutschlands fordert folgende Maßnahmen für Berufsschüler:

»Das Lehrmaterial muss kostenlos zur Verfügung gestellt werden!«

»Verbot von Prügel- und Geldstrafen sowie von Bestrafungen durch Nachsitzen!«

»Unterrichtsstunden müssen als Arbeitszeit angerechnet werden!«

IN DEN KAMPF MIT DEN GEWERKSCHAFTSBONZEN!

Die Hauptaufgabe der Jugendabteilungen freier Gewerkschaften besteht darin, die Jugendlichen von ökonomischen und politischen Kämpfen fernzuhalten. Gleichzeitig streben diese Sektionen danach, den jungen Arbeitern beizubringen, wie sie ihre Jugend am besten »einsetzen« können. An den Abenden der Jugendbildungsarbeit stehen auf dem Programm: Volkstänze und Flötenspiel oder Flötenspiel und Volkstänze. Manchmal werden auch Poesieabende veranstaltet.

Und nichts vermag dieses Programm aus dem Takt zu bringen: weder die Revolution in China noch der Bergarbeiterstreik in England, weder der Bau eines Kriegsschiffes in der »Heimat« noch die zunehmende Ausbeutung der Arbeiterklasse.

Auf dem Hermannplatz in Neukölln versammeln sich an jedem Mittwochabend etwa dreißig bis vierzig Menschen der freien Gewerkschaftsjugend. Die Kommunistische Jugend ist ebenfalls Mitglied dieser Gewerkschaftsgruppe und mit einer eigenen sechsköpfigen Fraktion vertreten. Als das monatliche Programm geplant wird, schlägt unsere Fraktion Vorträge zu Themen vor, die die gesamte Arbeiterjugend interessieren. Der Gruppenleiter, Mitglied der SAJ, spürt, dass dieser Vorschlag nach »Bolschewismus riecht«, und versucht mit allen Mitteln, die ihm anvertraute Gruppe vor der »roten Gefahr« zu schützen. Es gelingt ihm jedoch nicht.

»Ach, komm schon! Lass uns doch wenigstens etwas über die sowjetische Arbeiterjugend anhören!«, ruft ein junger Kerl aus.

»Du hast recht!«, stimmt ein anderer ihm zu. »Wir haben diese ewigen Volkstanzabende satt.«

Der Gruppenleiter regt sich auf, doch unsere Genossen sind zufrieden: Endlich tragen die Diskussionen mit den Genossen Früchte.

Am darauffolgenden Mittwoch finden die Neuwahlen des Gruppenvorstandes statt. Zu hören sind Sätze wie: »Die KJ tritt für den Schutz unserer Rechte ein. Ihr dagegen wollt uns mit Euren Tanzabenden nur verblöden!« Die KJ wird mit nur drei Gegenstimmen ins Gruppenbüro gewählt.

Das zentrale Jugendsekretariat erkennt jedoch die Rechtmäßigkeit des neuen Gruppenvorstandes nicht an, da die gewählten Genossen älter als siebzehn sind, die Jugendgruppen aber nur für Jugendliche bis siebzehn vorgesehen seien. Der bisherige Gruppenleiter, das Mitglied der SAJ, ist unterdessen bereits zwanzig Jahre alt; keiner unserer Genossen ist dagegen älter als achtzehn. Auf diesen Eklat reagiert die Gruppe damit, dass sie sich weigert, eine Neuwahl durchzuführen, weil sie mit dieser willkürlichen Vorgehensweise nicht einverstanden ist. Nach einem vergeblichen Versuch, die Gruppenmitglieder umzustimmen, löst das zentrale Jugendsekretariat die Gruppe schlicht und ergreifend auf.

GEWERKSCHAFTSDEMONSTRATION

Im Rahmen des 25. Jahrestages des Allgemeinen Deutschen Gewerkschaftsbundes wurde eine Demonstration organisiert. Als Gewerkschaftsmitglieder haben wir uns entschieden, daran teilzunehmen, jedoch mithilfe von Plakaten und roten Fahnen zu versuchen, ihr einen anderen Charakter zu verleihen, als es sich die werten Herren Gewerkschaftsbonzen wünschen.

Der Treffpunkt wurde auf Sonntag um 11 Uhr morgens angesetzt. Einzelne Jugendgruppen sind mit Plakaten gekommen, die mit Tannenzweigen geschmückt sind.

Häufig sind solche Leitsätze zu sehen: »Wir sind jung, und das ist herrlich!« Oder: »Wir – Es sind neue Zeiten!«

Junge Frauen haben sich Blumenkränze aufgesetzt und auch die Erwachsenen, die mit Stullenpaketen unterm Arm im Schatten der schwarz-rot-goldenen Fahnen liefen, sahen beileibe nicht danach aus, als ob sie an einer Kampfdemonstration teilnehmen.

Der revolutionäre Flügel der Gewerkschaften stand jedoch an seinem Posten. Sobald es losging, wurden rote Fahnen ausgewickelt sowie über den Köpfen der Demonstranten Banner und Plakate mit revolutionären Leitsätzen erhoben.

Der Umzug, der zu Beginn den Charakter eines friedlichen Spaziergangs von Gewerkschaftsmitgliedern hatte, wurde in eine Kampfdemonstration verwandelt. Vor den Augen der fetten Bourgeois, die in ihren Autos an uns vorbeieilten, liefen wir mit den Losungen:

»Kämpft für einen 8-Stunden-Tag!«

»Für einen angemessenen Lohn!«

»Gegen Schlichtung!«

»Gegen die Diktatur des Kapitals!«

»Schützt die Sowjetunion!«

Und was machten wohl währenddessen die Gewerkschaftsführer? Hier ist ein dafür charakteristisches Beispiel: Wir liefen in Reihe, sangen unsere Kampflieder und trugen Plakate wie »Arbeiter, schützt die Sowjetunion vor imperialistischen Räubern!«.

Plötzlich kam ein Gewerkschaftsführer mit einer weißen Armbinde auf uns zugelaufen und forderte, dass wir das Plakat wegsteckten. Wir erwiderten, dass wir genauso Gewerkschaftsmitglieder seien wie er und er uns nicht verbieten könne, mit revolutionären Parolen zu demonstrieren.

Fünf Minuten später kam er mit einem seiner Anhänger zurück, und zusammen versuchten sie, uns das Plakat zu entreißen. Unsere Genossen haben ihnen natürlich die Stirn geboten, und die Herren Bonzen durften eine Arbeiterfaust kennenlernen.

Das stellte sie jedoch noch nicht zufrieden. Ein paar

Minuten später kamen sie mit Polizisten zurück, um die »Ordnung herzustellen«.

Einer der Polizisten hatte offenbar die Situation überhaupt nicht begriffen und rief los: »Weg von der Straße oder ich schieße!«

Zu dieser Zeit war die ganze Straße voll von Demonstranten. Einer von uns zupfte den wahnsinnigen Schutzmann am Ärmel und sagte: »Bist du verrückt geworden?«

Sofort wurde unser Mann verhaftet. Danach nahm uns die Polizei im Auftrag der Gewerkschaftsbonzen alle gefangen, einen nach dem anderen.

So gehen sie vor, die sozialdemokratischen »Arbeiterführer«.

DIE OPPOSITION IN DER SAJ WÄCHST

Häufig kann man in der Nähe von Versammlungsorten der SAJ unsere Genossen dabei beobachten, wie sie die Jugendlichen wie beiläufig in ein lockeres Gespräch verwickeln.

Doch unsere Agitation verläuft nicht nur zufällig, wir treten auch auf den SAJ-Gruppenabenden auf.

Meistens bemühen sich die Gruppenleiter darum, dass die Jungkommunisten sofort aus den Räumen hinausgeworfen werden, doch die einfachen Mitglieder zwingen sie nicht selten, unsere Genossen sprechen zu lassen. Zudem nutzen wir Zeitungen und Flugblätter, um den Mitgliedern der SAJ aufzuzeigen, auf welchen Weg sie von ihren Gruppenleitern geführt werden.

Das wichtigste Instrument der Agitation bleibt jedoch nach wie vor die individuelle Bearbeitung. Persönliche Bekanntschaft mit ständiger und unermüdlicher Agitation – das ist die beste Arbeitsmethode, um Gegner zu überzeugen.

Die Sozialdemokraten geben uns durch ihren täglichen Verrat an der Arbeiterklasse selbst nicht wenige Beispiele, mit denen wir in Gesprächen mit ihren jungen Mitgliedern argumentieren können. Nicht selten erkennen SAJ-Mitglieder – dank ihres Klasseninstinktes –, dass die sozialdemokratische Leitung sich darum bemüht, sie vom Leben und Kampf der Arbeiterklasse durch Volkstänze und Gespräche über »Erziehung im Geiste des Sozialismus« abzulenken. Soll es doch zu großen Wirtschaftskrisen kommen, soll doch die Sozialdemokratie den Fürsten Millionen schenken, sollen doch die sozialdemokratischen Minister Kriegsschiffe bauen! Alles egal! Die SAJ-Mitglieder sind jung, ihnen sollte die Zukunft gehören, stattdessen erziehen sie sich im sozialistischen Geiste in ihren gemütlichen vier Wänden und spielen dabei Harfe oder singen Lieder über den Mai!

Die ernsthafteren SAJ-Mitglieder studieren die sozialistische Literatur sehr gründlich. Sie lesen Marx, Engels und vergleichen die Taten ihrer führenden Minister mit denen der Kommunisten, die die Arbeiter zum Kampf mobilisieren, mit dem Ergebnis, dass der Nebel, der viele von ihnen umgab, sich zu lichten beginnt.

Aber nicht nur die Politik der sozialdemokratischen Minister öffnet der SAJ die Augen. Ihre eigenen »Führer« verhalten sich genauso wie die SPD-Minister. Ollenhauer, der Vorsitzende der SAJ, ist zugleich zweiter Vorsitzender des Reichsausschusses der deutschen Jugendverbände. Dieser Ausschuss umfasst alle bürgerlichen Jugendorganisationen, von den Sozialdemokraten bis zu den Faschisten. Als Vorsitzender dieses Ausschusses hatte Ollenhauer aus Anlass irgendeines Festes den faschistischen Jugendvereinen Glückwunschtelegramme mit guten Wünschen gesendet, auf dass die Organisation wachse und gedeihe.

Dies verursachte in den Reihen Sozialistischer Arbeiterjugend viel Empörung, wobei nicht wenige seinen Austritt aus dem bürgerlichen Ausschuss forderten.

Die SAJ in Neukölln besteht aus fünf Gruppen; in fast jeder gibt es ein paar Oppositionelle. Im Februar, als die SAJ-Generalversammlung einberufen worden ist, entsandte jede Gruppe alte Aktivisten, die oppositionell eingestellt waren. Im Vorfeld der Generalversammlung verteilte die Opposition eine Stellungnahme unter allen SAJ-Mitgliedern, in der sie ihre Ansichten darlegte. Der Text war von allen mit vollem Namen unterzeichnet, damit die Leitung keine demagogischen Gerüchte über »Machenschaften der Kommunisten« verbreiten konnte. Der Bezirksvorstand der SAJ plädierte daraufhin für den Ausschluss dreier Aktivisten aus der Organisation. Am Donnerstag und Samstag vor der Generalversammlung beeilte sich das Verwaltungskomitee, diese Angelegenheit zu klären, um unangenehme Debatten auf der Generalversammlung zu vermeiden. Der Antrag auf Ausschluss der Mitglieder wurde zurückgezogen. Lediglich der Leiter der SAJ Reinickendorf wurde scharf gerügt, weil er auf einer öffentlichen Sitzung ein ehemaliges Mitglied der SAJ, der zur KJ gewechselt hatte, nicht ausgeschlossen hatte.

Die Generalversammlung begann damit, dass eine

junge Frau, die als offizieller Gast und SAJ-Mitglied teilnahm, des Saals verwiesen wurde, weil sie unter Verdacht stand, in Verbindung mit Kommunisten zu stehen.

Nach wie vor saß die Opposition dennoch der Illusion auf, dass man aus der SAJ eine Kampforganisation machen könnte. Deshalb machte sie eine Reihe von Vorschlägen, die die Arbeitsbedingungen in den Fabriken, den Kampf zum Schutze der Rechte der Arbeiterjugend usw. betrafen. Zugleich distanzierte sich die Opposition scharf und unmissverständlich von der derzeitigen Politik der sozialdemokratischen Führung.

Das Leitungskomitee, auf solche Auftritte bereits vorbereitet, schloss diese Redner eilig von der Versammlung aus. Aus Solidarität verließ ein großer Teil der Delegierten demonstrativ den Saal.

Zwei Tage später wurde den Oppositionsführern ihr Ausschluss aus der SAJ mitgeteilt. In einer Reihe von Berliner Bezirken traten ganze Gruppen solidarisch mit aus, indem sie ihre Mitgliedsbücher an den Vorstand schickten.

In Neukölln verließen 100 von den 300 Mitgliedern die SAJ. Dennoch hatten die Oppositionsanhänger nach wie vor Angst, in die KJ zu wechseln. Stattdessen wurden Stimmen laut, die eine Neugründung einer Gruppe aus ausgeschlossenen Mitgliedern forderten.

Wir standen vor der Aufgabe, dieser Stimmung so schnell wie möglich den Wind aus den Segeln zu nehmen und die Oppositionellen davon zu überzeugen, dass die Gründung einer neuen Organisation für sie den politischen Tod bedeuten würde. Als wir davon erfuhren, dass die Gruppe der Ausgeschlossenen am kommenden Sonntag eine Exkursion plante, beschlossen wir, uns mit ihnen »zufällig« zu treffen, in der Hoffnung, dass alles Weitere schon seinen Lauf nehmen würde.

ÜBERTRITT

Am Sonntagmorgen treffen wir uns am Bahnhof und fahren aufs Land. Den Zug verlassen wir an derselben Stelle wie die Oppositionsanhänger, machen ein vollkommen unschuldiges Gesicht und gehen auf Exkursion. Am selben Ort wie sie machen auch wir Rast. Wir haben einen Fußball mitgebracht. Unsere Genossen fangen an zu spielen; und plötzlich fliegt der Ball versehentlich hinüber zu den Oppositionellen. Einer von ihnen wirft ihn zu uns zurück, und wir beginnen zusammen zu spielen. Da es kühl geworden ist, machen wir ein Feuer, und alle setzen sich darum. Das Lagerfeuer löst eine gewisse »beseelte« Stimmung unter den ehemaligen SAJ-Leuten aus, und sie beginnen, schöne Lieder über den Mai, die Liebe und das Wandern zu singen. Wir hören uns eines der Lieder an und stimmen danach unsere eigenen Kampflieder an. Der Tag vergeht schnell mit Spielen, Witzen und natürlich auch mit ernsten Diskussionen. Am Abend machen wir uns gemeinsam auf den Heimweg. Kampflieder singend marschieren wir durch die Dörfer. Nur einige wenige von denen, die aus der SAJ ausgetreten sind, machen einen Aufstand. Sie hatten erklärt, dass sie bei solcher kommunistischen Propaganda nicht mitmachen, und waren auf dem Rastplatz geblieben.

In der Zwischenzeit ist unter den Oppositionsanhängern ein lebhafter Streit entbrannt. Die meisten sprechen sich für uns aus, nur eine unbedeutende Minderheit ist gegen den Beitritt in den KJVD.

Jedenfalls haben wir mit diesem Sonntagsausflug unsere Aufgabe erfüllt! Es wurde eine Brücke zwischen uns und den Oppositionsanhängern geschlagen.

Unterdessen legte die SAJ-Leitung auch nicht gerade die Hände in den Schoß. Sie wandte sich an die Eltern der oppositionell eingestellten Jugendlichen mit einem Brief, um sie vor dem »gefährlichen Verhalten« ihrer Kinder zu warnen. Dabei ist es wichtig zu wissen, dass die Eltern der aus der SAJ ausgetretenen Jugendlichen ihrerseits größtenteils »Bonzen« der sozialdemokratischen Partei sind, die hohe Posten innehaben, und dass ihre Kinder hauptsächlich als Lehrlinge angestellt , d. h. wirtschaftlich von ihren Eltern abhängig sind. In Anbetracht dieser Umstände und unter dem Druck der Eltern sind von den 100 Oppositionellen vierzig in den Schoß der SAJ zurückgekehrt.

Die restlichen sechzig sind allerdings Mitglieder der KJ geworden. Sie begründeten die Zelle unter dem Namen Karl Marx.

BEI DEN JUNGEN CHRISTEN

Am Hermannplatz hat eine große Vereinigung, der CVJM, seinen Sitz. In diesem Klub gibt es Bäder, Lese- und Musikzimmer, alles, was einem jungen Arbeiter Vergnügen bereiten kann. CVJM hat dank der enormen finanziellen Unterstützung durch den Staat und die Kirche allein in Deutschland mehr als 300.000 Mitglieder. Darunter sind sehr viele Arbeiter. Diese müssen wir dem Einfluss der Pfaffen entreißen, indem wir ihnen zeigen, dass wir die »bessere Welt«, die man ihnen im Jenseits verspricht, wenn sie sich nur freiwillig ausbeuten lassen, ins Diesseits übertragen können, indem wir die kapitalistische Ordnung stürzen.

Einige Genossen, die gezielt die Ideologie dieser Organisation studieren, besuchen regelmäßig ihre Versammlungen und Aufführungen und lernen Vereinsmitglieder persönlich kennen. Wenn diese Arbeit regelmäßig getan wird, ist sie sehr erfolgreich.

Die Vereinsversammlungen finden gewöhnlich freitags statt. Bei diesen Treffen werden Themen besprochen wie: »CVJM und der Massenmensch«, »Jesus in uns«, »Proletarische Jugend und Christus« usw.

Die Versammlung wird mit einem gemeinsamen Gebet eröffnet. Danach hält ein Priester eine Predigt.

Nach der Predigt werden Fragen gestellt. Eine Diskussion wird nicht zugelassen. Daher bedienen sich unsere Genossen zu ihren Zwecken der Fragen, die zunächst einen ganz harmlosen Charakter haben. Schrittweise beginnen sie dann solche Fragen zu stellen, die den Priester in Rage bringen. Das führt dazu, dass andere Jugendliche beginnen, sich für neue Probleme zu interessieren, und ihrerseits »schmerzhafte« Fragen stellen; hier und da bricht doch eine Diskussion aus. Der Prediger wird immer nervöser. Er ist bereits davon überzeugt, dass die Angelegenheit in einem Fiasko endet. Ein Gruppenleiter kommt ihm zu Hilfe, indem er von der Straße reinstürmt und schreit: »Ein Leichnam wurde gerade hereingebracht!«

Jetzt sagt der Priester mit feierlicher Stimme: »Lasst uns, Brüder, für den Verstorbenen beten!«

Alle müssen beten. Damit endet die Diskussion über die proletarische Jugend und Christus.

Von diesem Moment an fangen jedoch die jungen Arbeiter, die Mitglieder der Christlichen Vereinigung Junger Menschen sind, an, etwas über den Klassenmechanismus in ihrer Organisation zu begreifen.

TOD DEM FASCHISMUS – BERLIN BLEIBT ROT!

Die Faschisten organisieren einen Aufmarsch im roten Berlin. Aus allen Teilen des Landes strömen ihre Truppen herbei.

Die Faschistenführer erklären, dass ihr Marsch auf Berlin mit Mussolinis Marsch auf Rom vergleichbar sei. Die Kommunistische Partei gibt die Losung aus:

»Berliner Proletarier, lasst euch nicht provozieren! Zeigt den Faschisten, wo ihr Platz ist!«

»Tod dem Faschismus. Berlin bleibt rot!«

Aber was sagen die Sozialdemokraten dazu? Sie rühmen sich doch, dass sie den Faschismus bekämpfen! Sie fordern ihre Mitglieder auf, am Tag des Faschistenaufmarsches Berlin zu verlassen und bewaffnet mit Stullenpaketen an den Stadtrand auf die grüne Wiese zu fahren. Zusammenstöße sollen verhindert werden, indem man die Straßen Faschisten überlässt!

Wie auch immer! Die Kommunistische Partei mobilisiert die proletarischen Massen und klärt über die unmittelbar drohende Gefahr des Faschismus und die Bedeutung des Aufmarsches auf. Die Partei, die KJ, der Rote Frontkämpferbund und IRH* – alle proletarischen Organisationen bereiten sich auf die Gegenwehr vor.

* Internationale Rote Hilfe

Bereits einige Tage vor dem Aufmarsch übernehmen unsere Genossen die Veröffentlichung und Verteilung von Betriebs- und Schülerzeitungen, Broschüren und Flugblättern. Auf allen SAJ-Versammlungen sprechen wir den Faschistenaufmarsch und eine notwendige gemeinsame Front an, um diesen zu verhindern.

Die Partei fordert die Arbeiter auf, am Tag des Faschistenmarsches überall rote Fahnen aufzuhängen. Die Arbeiterviertel sind ein Meer roter Fahnen. Entlang der Straßen sind Transparente mit revolutionären Leitsätzen aufgespannt. Auch auf den Dächern der Häuser sind rote Fahnen angebracht. Stolz gehen wir durch die Straßen. Versucht nur, Faschisten! Ihr bekommt eine ordentliche Antwort.

Tatsächlich versuchen am Vorabend des Aufmarsches Faschisten mit Lastwagen durch Neukölln zu fahren. Aber sie kommen nicht weit! Bereits an der ersten Straße prasseln Blumentöpfe von Balkonen auf sie ein; Hausfrauen übergießen sie mit heißem Wasser. Mit Geschrei stürzen sich alle auf die Autos. Nur dem bewaffneten Eingreifen der Polizei ist es zu verdanken, dass es den Faschisten gelingt, mit heiler Haut davonzukommen.

Am Rande Neuköllns haben Faschisten eine Massenunterkunft in einem großen Versammlungssaal eingerichtet. Schließlich konnten sie kaum mit Sympathien der Berliner Bevölkerung rechnen, anders als die Rotfront, die in privaten Arbeiterwohnungen untergebracht wurde.

Also haben sich die Faschisten in der »Neuen Welt« eingerichtet. Um Angriffe von Arbeiterseite zu vermeiden, wurden am Eingang Polizeieinheiten postiert. In einigen Metern Abstand vom Polizeiring hält jeder einen Pflasterstein in der Hand. (Die Steine sind von einer Baustelle in der Nähe.) Sie warten auf Faschisten, aber die sitzen verängstigt im Haus und trauen sich nicht, sich den Massen zu zeigen.

Am Sonntag werden alle kommunistischen Gegendemonstrationen verboten. Die Mitglieder von Partei und KJ sind in Alarmbereitschaft versetzt. Seit dem frühen Morgen versammeln sich unsere Gruppen auf dem Gelände und warten auf weitere Befehle.

Mittags findet eine faschistische Demonstration statt; Polizeiketten begleiten beide Seiten des Zuges. Auf den Bürgersteigen stehen Massen von Arbeitern. Im Minutentakt wird kollektiv gerufen: »Tod dem Faschismus, Berlin bleibt rot!«

An die Arbeiter, die Mitglieder von »Stahlhelm, dem Bund der Frontsoldaten« sind, ergeht der Aufruf, die Reihen dieser arbeiterfeindlichen Organisation zu verlassen. Trotz der Polizeiknüppel sind hier und da die Klänge der »Internationale« zu hören. Nur im Stadtzentrum jubeln einzelne Kleinbürger und Reiche den Faschisten zu.

Der Aufmarsch findet im Lustgarten statt. 40.000 Menschen nehmen daran teil. Die Marschklänge werden oft durch die kraftvollen Gesänge der »Internationale« übertönt und die Reden der Faschistenführer durch die revolutionären Kollektivrufe. Die Polizei versucht vergeblich, unsere Genossen zu verhaften. Sobald wir sie sehen, hallen unsere Stimmen von einem vollkommen anderen Platz aus.

Mittags ist es in den Arbeitervierteln ruhig, aber ein Naziführer bildet sich ein, er könne mit einem Auto durch Neukölln fahren. Er bereut es bald, denn er bekommt eine ordentliche Tracht Prügel. Die Polizei nimmt ihn völlig zusammengeschlagen und blutüberströmt mit. Doch das hat seinen Preis. Es wird befohlen, die Straßen zu räumen. Die Arbeiter, vor allem die Jugendlichen unter ihnen, weigern sich, sich dem zu fügen, woraufhin die berittene Polizei beginnt, die Arbeiter wie besessen zu jagen. Diese wiederum stellen sich neu auf und bahnen sich ihren Weg. Schlagstöcke prasseln auf ihre Rücken. Die Polizisten schlagen in ihrer Blindheit mit ihren Gewehrkolben nach rechts und links und prügeln wahllos auf alle ein, die sie erwischen, auch auf Alte und Kinder.

Die Menschenmenge erstarrt. Nun fliegen Steine. Ein Polizeipferd bäumt sich auf und sein Reiter stürzt im Kreis zu Boden. Es folgen Gelächter und ironische Anfeuerungsrufe. Die Polizisten sind nicht mehr Herr der Lage. Es wird Verstärkung angefordert, Schlagstöcke werden wieder geschwungen, die Arbeiter wieder verhaftet.

Unterdessen sind die Faschisten verschwunden. Leise und unauffällig sind sie zu den Bahnhöfen und von dort aus nach Hause. Der Berliner Marsch hat ihnen keine neuen Lorbeeren eingebracht. Es ist schon lange Abend, aber in den Arbeitervierteln herrscht noch rege Betriebsamkeit. Wenn Demonstrationen verboten werden, muss man zu anderen Mitteln greifen.

Auf beiden Seiten der Straße marschieren unsere Genossen auf den Bürgersteigen, singen revolutionäre Lieder und skandieren Parolen. Sobald die Polizei am Horizont erscheint, verwandeln sich unsere Demonstranten in gewöhnliche Passanten, die auf die harmloseste Weise Schaufenster betrachten.

Bis spät in die Nacht erklingen auf den Straßen revolutionäre Rufe und Gesänge.

BERLIN – MOSKAU

Die Ereignisse am 1. Mai 1929 in Berlin haben gezeigt, dass sich die Klassenwidersprüche immer mehr zuspitzen und das Proletariat sich weiter nach links entwickelt. Der sozialdemokratische Polizeipräsident Zörgiebel hatte die Maikundgebung des Berliner Proletariats verboten. Die Berliner Arbeiter wiesen diesen Versuch, ihnen die Straße wegzunehmen, mit Verachtung zurück, und Zörgiebel sagte ihnen den Kampf an. Die Arbeiter antworteten mit Barrikaden. Hunderte von Verwundeten und dreißig Tote waren das Ergebnis.

Wieder wurde Arbeiterblut in Berlin vergossen. Der Sozialdemokrat Noske, der 1919 auf Arbeiter schießen ließ, fand 1929 in Zörgiebel einen würdigen Nachfolger.

In den ersten Reihen der Kämpfenden stand die proletarische Jugend. Getreu ihrer Tradition kämpfte sie mit größtem Eifer und war unter den Letzten, die sich unter dem Druck der Polizei zurückziehen musste. Nicht umsonst waren unter den dreißig Ermordeten neun Jugendliche.

Die Sozialdemokratie, deren faschistisches Wesen immer deutlicher zum Vorschein tritt, versucht ihre Schuld an der Hetze gegen die Kommunistische Partei und die Komintern zu vertuschen.

»Die Hand Moskaus«, sagen die Sozialdemokraten, »hat den Blutmai zu verantworten! Die bei der Schießerei Getöteten fielen den Anweisungen aus Moskau zum Opfer!«

Der Zweck solcher Hetze ist offensichtlich. Wie sieht es wirklich mit der Hand Moskaus aus? Die Berliner und die Moskauer Kommunistische Jugend sind miteinander verbunden. Moskauer Komsomolzen sind unsere Chefs. Und darauf sind wir stolz.

Moskauer Komsomolzen, reicht uns die Hand! Lasst unsere Finger mit euren zu einer starken Faust verschränken, zu einer schrecklichen Warnung an Herrn Zörgiebel und alle Feinde der Sowjetunion.

Der 1. Mai leitete eine neue Ära der verschärften Repressionen gegen die kommunistische Bewegung ein. Der Rote Frontkämpferbund und die »Rote Fahne« wurden verboten.

Aber das wird uns nicht einschüchtern. Wir werden auf die Repressionen mit einer Umstellung unserer Arbeit auf illegaler Basis reagieren.

Unsere Organisation hat mehr denn je die Aufgabe, in den Betrieben tiefe Wurzeln zu schlagen und trotz der Verbote und Repressionen die Massen der proletarischen Jugend zu mobilisieren.

Sowjetische Komsomolzen, wisst, dass wir unsere Arbeit mit den Worten von Karl Liebknecht fortsetzen werden:

Es gibt auf Erdenrunden
Nichts, was uns zwingen kann:
Kein Gift und keine Wunden,
kein Teufel und kein Bann!

GLOSSAR

1. Mai – der 1. Mai 1929, der sogenannte »Blutmai«. Die KPD hatte trotz eines Verbots zu Demonstrationen an diesem »Tag der Arbeit« aufgerufen, daher versuchten tausende Demonstranten in das abgeriegelte Stadtzentrum Berlins zu ziehen. Ein riesiges Polizeiaufgebot setzte das Demonstrationsverbot gewaltsam durch, seine Maßnahmen forderten mehr als 30 durch Polizeischüsse getötete, teilweise unbeteiligte Zivilisten sowie ungefähr 200 Verletzte, zudem wurden über 1200 Personen verhaftet. Infolge der Ereignisse wurde etwa die Agitationsgruppe Rote Raketen verboten.

Agitprop – ein aus der Sowjetunion stammender Begriff, zusammengesetzt aus den Wörtern Agitation und Propaganda, er umfasst die Werbetätigkeit der kommunistischen Organisationen.

Allgemeiner freier Angestelltenbund – 1921 gegründetes Bündnis für Angestellte, politisch eher sozialdemokratisch und liberal eingestellt.

Bergstraße – heute Karl-Marx-Straße.

Betriebszeitung – Publikation für Mitarbeiter eines Werkes, oft illegal vertrieben.

Betriebszelle – politische oder gewerkschaftliche Organisationsform in einer Firma.

Bülowplatz – heute: Rosa-Luxemburg-Platz.

Hofschranzen –willfährige Diener einer autokratischen Macht.

Internationaler Jugendtag – weltweiter Feier- und Veranstaltungstag der kommunistischen Jugend, im Jahr 1929 etwa am 1. September.

Kollektivismus – eine Idee, die das Kollektiv und seine Belange über die Interessen des Individuums stellt, dem man unterstellt, dass es mit Egoismus dem Kollektiv eher schaden würde.

Kommintern – die Kommunistische Internationale, ein Zusammenschluss internationaler kommunistischer Parteien zur Durchsetzung der weltweiten kommunistischen Revolution (auch als Dritte Internationale bezeichnet), 1919 auf Weisung Lenins begründet, 1943 von Stalin aufgelöst.

Kommunistischer Jugendverband Deutschlands – 1920 gegründeter Jugendverband der kommunistischen Partei.

Komsomolze – Mitglied des Komsomol, des Jugendverbandes der KPdSU.

Landsberg – Landsberg an der Warthe, heute: Gorzów Wielkopolski.

Orgleiter – organisatorischer Leiter.

Polleiter – politischer Leiter.

Rote Burg – das Polizeipräsidium Alexanderplatz, der Spitzname bezieht sich auf die Roten Backsteine, aus denen das imposante Gebäude, das auch ein Gefängnis beinhaltete, erbaut worden war.

Rote Fahne – Die Rote Fahne, Parteizeitung der KPD, erschien seit 1918, wurde 1933 von den Nationalsozialisten verboten, wurde aber noch illegal bis 1942 produziert und verteilt.

Rote Hilfe – die Rote Hilfe Deutschlands, eine der KPD nahestehende Organisation, die sich seit 1924 um politische Gefangene kümmerte.

Rote Raketen – eine dem Roten Frontkämpferbund nahestehende 1927 gegründete Agitprop-Kapelle, die mit eigenem LKW zu Auftritten anreiste und zahlreiche Plattenaufnahmen machte. Nach ihrem Verbot machte ein Teil der Künstler mit neuen Kräften unter dem Namen Sturmtrupp Alarm weiter, war aber infolge von Repressalien weniger erfolgreich.

Schupo – Abkürzung für Schutzpolizei, einer Organisationseinheit der Polizei.

Sicherheitspolizei – eine paramilitärische deutsche Polizeitruppe (die erste kasernierte), die 1919 aufgestellt und hauptsächlich von der Regierung getragen wurde. 1935 wurde sie in die Wehrmacht eingegliedert. Auf die SiPo geht heute die Bereitschaftspolizei zurück.

Sozialfaschismus – der Begriff wurde 1924 von Grigori Sinowjew geprägt und von der Partei bis Mitte der Dreißigerjahre propagiert, er basiert auf der These, dass die Sozialdemokratie »objektiv der gemäßigte Flügel des Faschismus« sei, wie Josef Stalin behauptete. Deswegen konzentrierte sich die KPD vielfach auf den Kampf gegen die SPD und verharmloste im Grunde damit die von den Nationalsozialisten ausgehende Gefahr.

Stahlhelm – Stahlhelm, Bund der Frontsoldaten war ein 1918 gegründeter deutschnationaler Wehrverband, der erst den Saalschutz der Deutschnationalen Volkspartei (DNVP) organisierte und sich später als »geschlossene soldatische Einheit dem Führer« Adolf Hitler unterordnete, wie sein Begründer Franz Seldte kundtat. Der Stahlhelm wurde 1935 endgültig aufgelöst.

Zehnerführer – gewählte Aufsichtsperson für je zehn Organisationsmitglieder.

EDITORISCHE NOTIZ

Zur Überlieferung des Textes: Das Buch »Berliner Kommunistische Jugend« (Originaltitel: »Берлинская комсомолия«) erschien 1929 im Verlag Junge Garde (Молодая Гвардия) und dessen Schriftenreihe »Arbeit und Alltag der KJI – Kommunistische Jugendinternationale« (Дела и дни КИМ'а) in Moskau, die Übersetzung des deutschsprachigen Originalmanuskriptes lieferte Wladimir Rubin.

Olga Benario (später: Olga Benario-Prestes) war zu diesem Zeitpunkt 21 Jahre alt. Sie war mit ihrem Lebensgefährten Otto Braun aus Berlin über die Tschechoslowakei nach Moskau geflüchtet, nachdem sie im April 1928 Braun mit einer Gruppe Neuköllner Jungkommunisten aus dem Gefängnis des Kriminalgerichts Moabit befreit hatte und mit Haftbefehl gesucht wurde.

Ihr Manuskript hat sie augenscheinlich nach dem 1. Mai 1929, dem »Blutmai«, beendet, da sie auf dieses Datum im letzten Kapitel eingeht, der Text war also bei seinem Erscheinen hochaktuell.

Das vorliegende Buch wurde erstmals aus dem Russischen ins Deutsche übersetzt, das Originalmanuskript war leider nicht auffindbar, wenn es denn überhaupt noch existiert. Dass eine deutschsprachige Ausgabe des

Buches vorgesehen war, darf als unwahrscheinlich gelten, da es sich an die Sowjetische Kommunistische Jugend wendet.

Zur Übersetzung: Bei der Übersetzung wurde der von Benario wohl bewusst eingesetzte leichte und erzählerische Ton beibehalten, ebenso wurde versucht, die kämpferische Begeisterung zu übertragen, das führt naturgemäß zu einem teils pathetischen, teils auch sehr rauen Ton, doch hier wäre Abmilderung von harschen Diskreditierungen dem historischen Charakter des Buches nicht gerecht geworden.

Die russische Ausgabe dieses Textes ist leider an nicht wenigen Stellen recht ungelenk und wohl auch falsch übersetzt, was einige Recherchen nötig machte, soweit rekonstruierbar wurden falsche Bezeichnungen durch die korrekte deutsche Bezeichnung übersetzt.

Dass die Verfasserin an der Übersetzung mitgearbeitet hat, kann ausgeschlossen werden, wie sie selbst berichtet, konnte sie in Deutschland kaum Russisch, und ihre wenigen Monate in der Sowjetunion reichten sicher nicht einmal für die sehr disziplinierte und lernbegierige Genossin Benario, um hinreichende Sprachkenntnisse auszubilden.

Warum erscheint dieses Buch nun auf Deutsch? Zum einen sind nur wenige Originaltexte aus der kommunistischen Jugend Deutschlands überliefert, auch nur wenige Erinnerungen, da viele Mitglieder aus den Kommunistischen Jugendbewegungen die Verfolgung durch die Nazis oder die stalinistische Verfolgung nicht überlebten. Die, die überlebten, zogen es oft vor, zu schweigen.

Das Buch selbst ist sowohl Dokumentation wie Agitation, es soll die sowjetische Jugend von der Arbeit der Deutschen Genossinnen und Genossen einnehmen, daher legt Benario viel Wert auf erzählerische Passagen und Pointen. Damit die Arbeit der in Deutschland verbliebenen Genossinnen und Genossen nicht gefährdet wird, benutzt die Autorin offenkundig Pseudonyme, nennt kaum konkrete Orte und dekonspiriert auch sonst in keiner Weise. Damit aber die Agitation des Buches verfängt, hat Benario bewusst sehr atmosphärisch und mit Witz geschrieben.

Und dies ist der zweite Grund für das Erscheinen des vorliegenden Buches – Olga Benario ist bekannt als die heldenhafte Gefangene, die bis zu ihrem Tod in der Haft Widerstand leistet und nicht klein beigibt. Dieses Buch zeigt sie aber als junge Genossin voller Hoffnung auf eine bessere Zukunft für alle. Auch dieses Bild von ihr sollte bekannt werden.

DANK

Wir danken Katinka Krause und Claudia von Gélieu von der Galerie Olga Benario für den Hinweis auf diesen Text, weitere Tipps für Archivalien und alle Fotos, die wir für das Buch verwenden durften. Barbara Schäfer sind wir für die Recherche des Gedichts von Karl Liebknecht dankbar. Ganz besonders bedanken wir uns bei Anita Leocádia Prestes, der Tochter von Olga Benario, für das Vorwort und ihre Zugewandtheit.

ABBILDUNGEN UND BILDNACHWEIS

S. 28/29 Die Neuköllner Gruppe der Kommunistischen Jugend mit Olga Benario (9. v. l.).

S. 45 Wirtsfamilie Müller: Bei dem Wirt Wilhelm Müller trafen sich die revolutionären Arbeiter*innen im Hinterzimmer der nach ihm benannten Wirtschaft. So fand hier in Neukölln, Zietenstraße 29 (heute Werbellinstraße) auch der Gründungskongress der Kommunistischen Jugendinternationale (KJI) 1919 statt, der durch Willi Münzenberg eröffnet wurde. Als Taubenzüchter getarnt, trafen sich Delegierte aus 14 Ländern.

S. 50/51 Landagitationsausflug, KJVD sammelt sich am Richardplatz zur Fahrt aufs Land

S. 68/69 Landagitation mit Olga Benario auf dem zweiten Wagen.

S. 74/75 Wochenendschulung in Revolutionstheorie

S. 76 Olga Benario mit ihren beiden Freundinnen Hanna Böhm (Mitte) und Gertrud Frühschütz (rechts) bei der Landagitation.

S. 116/117 Olga Benario in der Internationalen Lenin-Schule, Moskau 1928.

Alle Fotos: © Archiv Galerie Olga Benario